AF389295

PLAN
D'ÉDUCATION.

PLAN D'ÉDUCATION,

EN RÉPONSE

Aux Académies de Marseille & de Châlons, dont l'une a proposé pour sujet de prix, à distribuer dans le courant de cette année;

Quel est le Plan d'Education publique le plus conforme à la situation d'une Ville considérée comme Marchande & Maritime?

L'autre: *Quels sont les vices de l'Education actuelle, & les moyens de les corriger?*

A AMSTERDAM,

1785.

Il n'a pas craint en s'attaquant à Pallas, &
en dévoilant toutes les turpitudes des autres
Dieux, de subir le même fort que la Fileufe de
Méonie.

P R É F A C E.

P R É F A C E.

Il semble que tous ceux qui dans ces derniers temps ont écrit sur l'Education, aient pris à tâche de nous laisser dans un état de perplexité , en répandant par-tout des nuages & des difficultés sur cette matiere. Mais aucun n'y a plus contribué que l'Auteur d'Emile. Frappé sans doute des vices & des abus qui regnent dans les colléges, il s'est efforcé de démontrer que les jeunes-gens n'étoient pas plus destinés à être élevés en commun, que les hommes à vivre en société. Un Maître pour un feul disciple, tel est son système. Se faisir de lui dès le berceau; que dis-je ? Dès l'instant de la conception, le recevoir entre ses bras au moment de la naissance, pour le plonger dans l'eau du Styx, assister la mere ou la nourrice, quand elle lui prodigue son

lait & ſes ſoins, le conduire par tous les dé-
grès de l'enfance, de l'adoleſcence & de la
jeuneſſe, ſans jamais le quitter un inſtant,
n'eſt qu'une partie des devoirs qu'il lui impoſe.
Il veut en outre qu'il le cerne, de maniere
que perſonne ne puiſſe l'imboire de préjugés,
qu'il le gouverne ſans qu'il le ſente, l'inſtruiſe
ſans le contraindre, le maîtriſe en lui laiſſant
faire toutes ſes volontés. Voilà certes bien de
la beſogne pour un homme; & quel eſt celui
qui voudra s'en charger à cette condition, à
moins qu'il n'en ſoit le pere. Auſſi a-t-il eu
ſoin d'avertir qu'il ne voyoit que celui-là qui
fût en état de l'entreprendre, encore faut-il
qu'il n'ait qu'un fils, & qu'aucune occupation
ne l'appelle au dehors. Pour moi j'ai peine à
croire que beaucoup de peres ſoient capables
de cette réſolution. Et lui-même ne l'a pas
été, puiſqu'ayant eu pluſieurs enfans en propre, non-ſeulement il n'a pas daigné en être
l'inſtituteur, mais même le nourricier.

Quoique l'énoncé d'un pareil fyftême , joint à la conduite de l'Auteur dût fuffire, ce me femble, pour détourner de l'embraffer; cependant, comme quelques peres de famille, féduits par le ton de hardieffe, & l'éloquence avec laquelle il eft préfenté, en ont été la dupe, & pourroient l'être encore, en effayant de faire élever leurs enfans, fuivant cette méthode, il étoit à propos de leur metrre devant les yeux les inconvéniens qui en réfultent. Or, c'eft ce que j'ai tâché de faire, en prouvant la néceffité de l'Education publique, & en même-temps fa prééminence, fur l'Education particuliere. Si je n'ai point diffimulé les vices de celle qui fubfifte dans les colléges , j'ai en même-temps indiqué les moyens d'y remédier.

On verra fans doute que mon projet en compofant ce mémoire avoit été d'abord de concourir pour les prix propofés par les

Académies de Marseille & de Châlons. Mais ayant fait réflexion que le concours étoit fermé, j'ai pris le parti de l'adreſſer aux peres de famille qu'il intéreſſe particuliérement. S'il peut leur être de quelque utilité, je m'eſtimerai plus heureux que d'avoir remporté une couronne académique.

PLAN

PLAN
D'ÉDUCATION.

JAMAIS on n'a tant écrit que dans ces derniers temps, fur l'Education, la Religion & les Mœurs. Cependant on fe plaint généralement que jamais l'Education ne fut plus mauvaife, la Religion moins refpectée & les Mœurs plus dépravées. Seroit-il donc vrai de dire que le fiecle le plus éclairé feroit auffi le plus corrompu, & que l'abondance des lumieres ne ferviroit qu'à nous égarer? Ou plutôt n'eft-il point arrivé qu'à force d'écrire fur cette matiere l'on s'eft écarté de la droite voie en prenant l'erreur pour la vérité, le menfonge pour la réalité? Ainfi, lorfqu'on regarde le foleil fixement, la vifion fe trouble & fe confond, en forte que bientôt l'on n'apperçoit plus que des ténebres & des phantômes. Peut-être auffi cette démangeaifon d'écrire vient elle de ce que l'homme n'eft jamais fatisfait de fon état préfent : femblable à un malade, qui cou-

A

ché fur un lit de douleur fe tourne & retourne de tous côtés, fans jamais trouver une fituation qui lui convienne. D'ailleurs, peut-on imaginer que fi les vices qu'on reproche à notre fiecle n'exiftoient point, on fe fût avifé de prendre la plume pour les corriger ? Eft-il naturel que des hommes fenfés aiment à forger des chimeres pour fe procurer le plaifir de les combattre ? Mais à quoi bon chercher à prouver ce qui n'eft que trop réel ? Le mal eft vifible, tout le monde en convient. Il faut donc tâcher, s'il eft poffible, d'y apporter quelque remede. La matiere eft d'une telle importance, qu'il n'eft pas permis de refter indifférent fur ce qui la concerne.

Pour ne parler que de l'Education, peut-on nier que cette partie foit digne de toute notre attention ? Du moins telle eft la façon de penfer de nos académies, qui en ont fait le fujet des prix qu'elles doivent diftribuer dans le courant de cette année. Telle étoit auffi celle des Villes de l'antiquité les plus renommées pour la fageffe de leurs inftitutions. Là les jeunes gens n'étoient point livrés à eux-mêmes, ni à la difcrétion de leurs parens. L'état auquel ils étoient cenfés appartenir s'emparoit d'eux dès l'enfance pour les faire élever conformément aux vues de fon gouvernement & fuivant les loix d'une commune difcipline.

Après les Instituteurs des nations, je pourrois encore citer les Philosophes célebres qui ne dédaignerent pas d'en faire le principal sujet de leurs méditations. Mais sans avoir recours à des temps si réculés, qu'on jette les yeux sur le gouvernement d'un peuple le plus nombreux, & peut-être le plus sage qui fût jamais.

Qu'est-ce l'Empire Chinois ? Si ce n'est un collége où l'on donne & reçoit sans cesse des préceptes de conduite, un assemblage de personnes de tout âge, de tout sexe & de toute condition, où les plus sages doivent gouverner les autres, commander le bien, gourmander & punir le vice, en un mot, où la vie des Citoyens est une pratique & une leçon continuelle de morale & de vertus. Ainsi, soit que l'on consulte l'antiquité, soit qu'on s'en rapporte aux temps les plus modernes, on trouvera que l'Education a toujours été regardée comme le plus ferme appui des Etats, & avec raison.

Que faut-il à un état pour être florissant & heureux ? Sont-ce les richesses ? Mais elles corrompent leurs possesseurs & deviennent la source d'une infinité de vices & d'abus avantcoureurs certains d'une ruine prochaine. Témoins Persepolis & Rome, qui succomberent sous les dépouilles des nations qu'elles avoient vaincues,

& devinrent la proie de celles que la pauvreté mettoit à couvert de leurs rapines.

Peut-être un bon gouvernement & un grand commerce pourront-ils faire ce que n'a pu produire l'opulence, fruit des conquêtes & des rapines. Il n'en eſt rien. En effet, qui brilla davantage par le commerce que Tyr, Carthage & Corinthe, & qui cependant éprouva jamais un fort plus déplorable? Quant au gouvernement, Rome & Carthage en eurent un excellent, cependant elles ne ſubſiſtent plus. Et pourquoi? C'eſt que les Mœurs ſe corrompirent, les Mœurs ſans leſquelles les meilleures loix deviennent inutiles, les réglemens les plus ſages ſont violés, & les ordonnances les plus ſalutaires ne reçoivent que du mépris.

Les Mœurs ſont donc ce qu'il y a de plus eſſentiel pour un Etat. Sont-elles bonnes? Tout devient proſpere. Sont-elles mauvaiſes? Rien ne réuſſit. Mais d'où naiſſent les mœurs, & qu'eſt-ce qui les établit?

Je réponds que c'eſt l'Education reçue dans l'enfance & la jeuneſſe. L'homme ne naît pas parfait. Suſceptible de le devenir, & preſque également enclin au bien & au mal, au vice & à la vertu, c'eſt l'Education qui le détermine de l'un ou de l'autre côté. On ſait que ce fut l'Education publique, introduite à Sparte, qui réformant les Mœurs des Citoyens, éleva cette Ville au plus haut degré de puissance & de gloire. Ce fut elle encore qui forma chez les Perses cette Milice sobre & guerriere, si supérieure à celle de tous les autres peuples de l'Asie, qui fit de Cyrus le plus grand & peut-être le plus accompli de tous les Conquérans. Du moins, telle est l'idée que nous en donne Xénophon. Qu'on dise, si l'on veut, qu'il en est de la Cyropédie comme de la République de Platon. Quand il seroit vrai que quelquefois l'Auteur a cherché à embellir son sujet ; toujours est-il certain que le héros de la piece a existé, qu'il a fait la conquête de la plus grande partie de l'Asie, qu'il a fondé le plus vaste empire qui ait jamais été, & cela moins par la force de ses armes, que par la bienveillance des peuples, qui venoient d'eux-mêmes se ranger sous son obéissance. Or, il falloit qu'on eût une grande idée de son mérite & de ses vertus pour courir ainsi au-devant du joug.

Mais que prouve tout cela, dira-t-on, en faveur de l'Education ? Rome ne fut-elle pas vaillante, juste & sage, avant qu'il s'y fût tenu aucune école, & formé aucune académie ? N'avoit-elle pas déjà produit une foule de grands Hommes avant que les Grammairiens, les Rhéteurs & les Philosophes se fussent glissés dans son sein ? Ce ne fut même, pourra-t-on ajouter, qu'après l'apparition de ces prétendus Inſtituteurs que Rome commença à dégénérer.

Sans m'arrêter aux reproches de corruption adreſſés à ce nouvel eſſaim de Docteurs, tranſplantés de la Grèce en Italie, & qui ſouvent les méritterent pour en avoir été les fauteurs, je ſoutiens qu'avant eux Rome n'étoit point ſans Education. Elle en avoit certainement une, & d'autant plus ſolide qu'elle conſiſtoit moins en préceptes qu'en exemples, en paroles qu'en actions. En effet, Rome deſtinée à faire la guerre & à cultiver les champs tour-à-tour, accoutumoit ſes enfans à une vie ſobre & laborieuſe, à manier la charrue en même-temps que les armes. Elle ne poſſédoit point à la vérité comme nous d'établiſſemens que l'on appelle *colléges*, ni de gymnaſes comme les Grecs : mais elle avoit un *ſénat*, un *forum* & un *champ* de *Mars*, où ſe formoient ſes Citoyens, ſes Magiſtrats & ſes Guerriers. Et ce n'étoit point de mercenaires Pédagogues, qui donnoient aux jeunes gens ces importantes leçons ; mais de graves Sénateurs, de ſages Vieillards, qui avoient blanchi dans les camps & dans les armées. Telles furent les écoles où ſe formerent les maîtres du monde.

Si l'on objecte encore que ce n'étoit point dans le *forum*, dans le *ſénat* & dans le *champ* de

Mars que la jeuneſſe Romaine étoit inſtruite des arts libéraux. J'avouerai ſans peine, qu'un Conſul, un Tribun & un Préteur n'étoient point des maîtres publics de grammaire, ni d'eſcrime. Mais je puis demander à mon tour, ſi celui qui enſeigne les élémens de ces arts, peut être regardé comme un Inſtituteur national? Eſt-ce donc dans le réduit obſcur d'un ſallon poudreux que ſe forment l'eſprit & le caractere d'une Nation? Au reſte, comme nous n'avons maintenant aucun lieu public où nous puiſſions recevoir de pareilles leçons & puiſer de ſemblables exemples ; je ſuppoſerai, ſi l'on veut, que le terme d'Education ſoit reſtreint à ſignifier la premiere inſtitution de l'enfance & de la jeuneſſe; & que l'on me demande d'après cette hypotheſe, quelle eſt celle que l'on doit admettre? Quand convient-il qu'elle commence? Comment & par qui s'exécutera-t-elle? Tous ces points ſont encore en litige, puiſque chaque jour voit éclore de nouveaux plans & de nouveaux ſyſtêmes. Tantôt on eſt d'avis d'employer des Prêtres ſéculiers, & tantôt des Laïcs. Bientôt on s'en dégoûte, & l'on a recours à des Moines. Aujourd'hui l'on admet l'Education publique, demain on la rejette. L'un prétend qu'on ne ſauroit trop tôt inſtruire les enfans & leur parler raiſon; un autre ſoutient qu'il faut

A iv

les laiffer végéter comme des fauvages jufqu'à l'adolefcence.

Que faire au milieu de tant d'opinions fi diffé-rentes & de fentimens fi oppofés? Quel parti doit prendre un fage pere, qui cherche à procurer à fes enfans une folide Education?

Le plus fûr, diroit fans doute un Phyrronien, eft de n'en prendre aucun. Mais il n'en eft pas de ceci comme d'une queftion fpéculative, fur laquelle on peut refter en fufpens dans la crainte de fe tromper. Car de ne prendre aucun parti fur l'ar-ticle dont il s'agit feroit en adopter réellement un, & peut-être le pire de tous. En effet, que deviendroit une jeuneffe, livrée à elle-même & à fes penchans, abandonnée à fes paffions & flot-tante à la merci de toutes les opinions humaines? Ce qu'eft une mer agitée, ou plutôt un frêle vaiffeau, expofé à la fureur de tous les vents contraires.

Eh bien! pourra-t-on dire encore, que chacun éleve fes enfans comme il l'entendra. La réponfe eft bientôt faite. Mais a-t-on bien pefé les incon-véniens de l'Education particuliere, inconvéniens de tous les genres & de toutes les efpeces, in-convéniens qui réfulteront, les uns du défaut de concert & de rapport avec la conftitution de l'E-tat, dès qu'il fera permis à chaque pere de famille d'élever ses enfans à sa fantaisie ; les autres de la part des mercenaires qui doivent les entourer & les servir ? Que n'a - t - on pas à redouter de gens dont les adulations & les flatteries sont capables d'étouffer les meilleures semences, & de faire germer toutes sortes de vices dans l'ame d'un jeune homme qui a le malheur de tomber entre leurs mains ? inconvéniens de la part des meres, dont la molle tendresse seroit perpétuellement aux prises avec une Education mâle & vigoureuse, telle qu'il convient de la donner à des hommes. Que sera-ce, si nous y joignons encore l'ignorance & l'impéritie de la plupart des peres, ou bien les occupations civiles & domestiques, qui les empêcheront de vaquer aux soins qu'exige une Education suivie ? Il faudra donc avoir recours à des Précepteurs & Gouverneurs. Mais trouvera-t-on assez d'hommes propres à remplir cette auguste fonction ? Quand on voudra se donner la peine d'y réflechir, on verra que la chose n'est pas si facile. Au reste, pour applanir toute difficulté ; supposons qu'une multitude de maîtres formés tout exprès n'attendent que des disciples pour leur communiquer un suc, dont ils se sont abreuvés eux-mêmes ; je demande maintenant si chaque pere de famille sera en état de payer un Instituteur particulier pour ses enfans ? Combien n'en est - il pas qui sont dans le cas de les faire participer au bienfait de l'Education commune, quoique pourtant ils ne puffent fournir aux frais d'une Education privée? Il eft donc notoire qu'en fupprimant l'Education publique , on mettroit quantité de peres hors d'état de faire élever leurs enfans.

Comme cette claffe de Citoyens la plus nombreufe eft en même-temps celle qui fournit les fujets les plus utiles à la fociété, on ne peut fe difpenfer de lui fournir les moyens de faire élever la jeuneffe qui en dérive. D'où je conclus que l'Education publique eft néceffaire ; j'ofe même dire qu'elle eft de beaucoup préférable à l'Education privée, & cela pour plufieurs raifons.

La premiere, & qui n'eft pas la moins importante, c'eft que l'Education publique foumettant tous les enfans à une même difcipline, établit entr'eux une forte d'égalité, dont le fentiment ne s'efface jamais totalement dans la fuite, quelque foit la différence des rangs & des conditions.

La feconde, parce qu'en leur fourniffant l'occafion de fe mefurer fouvent entr'eux, elle les met à portée de s'eftimer à-peu-près leur valeur. Au lieu que des jeunes gens élevés d'une maniere ifolée ne connoiffent prefque jamais leurs forces; ce qui les rend ou d'une extrême timidité , ou d'une exceffive préfomption.

Une troisiéme raison qui milite encore en faveur de l'Education publique, c'est qu'elle fournit aux jeunes gens plus aisément que sa rivale les moyens de se recréer. En effet, y a-t-il rien de si triste pour un maître & son éleve, que d'être perpétuellement l'un vis-à-vis de l'autre, comme il arrive nécessairement dans une Education privée ?

On dira sans doute qu'il est nécessaire qu'un maître se rabaisse à jouer avec son disciple. A la bonne heure. Mais sera-t-il toujours en état de le faire ; & quand il le feroit, pourra-t-il se mettre de niveau avec un enfant, de maniere à ne lui point imposer, & s'il en vient à bout, ne perdra-t-il rien de son autorité ? Le personnage est difficile à soutenir, il faut en convenir. Car quoi ! Si devant des hommes faits, la Majesté royale est obligée, pour se faire respecter, d'emprunter des dehors imposans, croit-on que devant des enfans l'on puisse, sans s'avilir, se dépouiller fréquemment de la gravité qui convient à un sage Instituteur. Je sais pourtant qu'il ne faut rien exagérer, & que comme un Monarque prudent doit quelquefois s'humaniser avec ses sujets, il est également convenable que des maîtres rabattent devant leurs disciples du ton de la morgue enseignante. Eh ! sans cela leur sort seroit à plaindre. Toutefois s'il falloit pécher par quelqu'excès, j'aimerois mieux paffer pour un pedant que pour un Arlequin. L'un au moins infpire de la crainte, tandis que l'autre n'attire que du mépris. Or, un maître méprifé n'a plus fur fon éleve aucune efpece d'empire; auquel cas il vaudroit cent fois mieux être fon valet que fon maître.

On aura beau me citer à ce fujet Caton & Agefilas, qui marchoient à cheval fur un bâton avec leurs enfans. Outre qu'un trait de cette efpece ne prouve rien, parce qu'ils étoient Peres, & qu'en cette qualité ils rifquoient moins de perdre leur autorité qu'un étranger, je pourrai toujours demander qu'on me montre que la poftérité de ces grands Hommes leur ait reffemblé, & je n'aurai plus rien à dire fur ce chapitre.

Enfin, un dernier avantage de l'Education publique, fur celle qui fe fait en particulier, c'eft l'émulation qu'elle excite parmi les jeunes gens, en leur infpirant l'amour de la gloire, amour qui dans les hommes a toujours été le principe & le mobile de toutes les grandes actions. De tous les refforts qui agiffent fur l'ame humaine, c'eft ici le plus puiffant & le plus durable. Or, dans le cours d'une Education folitaire, que peut-on lui fubftituer pour entretenir le goût du travail, & porter un jeune homme à la vertu ? Sera-ce l'aiguillon, ou l'amorce du plaifir ? Comme il y en a de deux fortes, l'un des fens, & l'autre de l'efprit, lequel des deux emploiera-t on ? A l'égard du premier, qu'on faffe attention que rien ne s'ufe plus promptement par l'habitude de la jouiffance. L'œil fe raffafie de voir & l'oreille d'entendre, tellement que l'homme s'endort au milieu d'un concert, & fommeille parmi cette foule de merveilles qui compofent le fpectacle de la nature. Ainfi quelque précaution que prenne un maître prudent vis-à-vis de fon difciple, pour l'encourager au travail par l'appât de cette forte de plaifir. Celui-ci ne tardera pas à dire par inftinct, ce que le fage a dit par réflexion : *Vanité des Vanités,* &c.

Qu'on ne croie pas tirer plus de parti des plaifirs de l'efprit que de ceux des fens. Outre qu'ils font peu à la portée d'un enfant, on doit compter qu'il y deviendra bientôt tout auffi infenfible qu'aux premiers, s'il n'eft foutenu par l'efpoir flatteur de fe diftinguer entre fes égaux. Pour parler même des hommes faits, quel eft celui d'entr'eux qui voulût prendre la peine de tant fuer & de tant étudier, fans le defir qu'il a de fe faire connoître & d'acquérir un nom.

Je ne dis rien des plaifirs du goût, qui, pris au figuré n'eft point encore né dans les enfans & qui pris à la lettre ne pourroit que les avilir, en les rendant gourmands.

On dira sans doute que le danger n'est pas si grand, que des peuples entiers ont fait exécuter des prodiges à leurs enfans, en se servant adroitement du même moyen. Mais la différence étoit grande. Celui dont on prétend se servir n'est qu'une pure friandise, au lieu que le stratagême employé par les peuples cités, n'étoit autre chose que la faim. Qui doute que l'on obtienne tout ce que l'on veut par son moyen? Par elle on vient à bout d'instruire certains animaux, & de dompter les plus féroces. Peres & meres, c'est à vous de voir si vous avez l'ame assez dure pour vous servir d'un pareil secours.

Il est encore, je le sais, d'autres motifs capables d'agir sur l'ame humaine, l'intérêt par exemple, soit prochain, soit éloigné. Quant a ce dernier, il n'en peut être question; parce qu'une passion qui est le résultat de l'expérience & de la réflexion, n'entre point dans l'ame des enfans, la vivacité de leur imagination ne leur permettant ni d'étendre assez loin leurs pensées dans l'avenir, ni d'avoir le passé suffisamment présent à la mémoire pour agir en conséquence. L'intérêt du moment est ce qui les commande, par la raison que leur but, comme celui de tout être sensible, est de jouir. Mais comme pour eux la jouissance n'est autre que le jeu, la promenade & tout ce qui les amuse, je conviens qu'en économifant ces fortes de divertiffemens, on peut en tirer quelque travail. Je conviendrai encore, fi l'on veut, que la crainte des peines & des fupplices eft capable de faire impreffion fur des êtres foibles & timides. Mais que peut-on attendre de pareils moyens? Rien de noble, ni de grand, rien qui puiffe allumer dans leur ame ce feu divin, qui éleve un homme au-deffus de la fphère de fes contemporains, ni faire naître dans leurs cœurs ces élans de courage, qui furmontent les plus grands obftacles & bravent les plus grands dangers.

Qu'emploierez-vous donc enfin pour les tirer de la langueur léthargique, où doit néceffairement les plonger votre Education folitaire & monotone? Ce fera, direz-vous, le charme puiffant de l'amitié.

Je vous entends, vous croyez qu'ils feront pour vous ce qu'un Epaminondas & un Coriolan exécutoient pour plaire à celle qui leur avoit donné le jour. L'entreprife eft belle affurément. Mais comme l'amitié ne peut fubfifter qu'entre égaux, la difproportion d'âge, qui doit néceffairement fe trouver entre le maître & l'éleve, ne permettra point qu'il fe forme entr'eux une liaifon de cette nature; fans compter que les enfans ne font guere fufceptibles d'un fentiment fi pur & fi délicat, qui même fe rencontre rarement chez des hommes faits. Qui ne fait qu'en eux l'amitié prétendue n'eft qu'un attachement fondé fur l'intérêt & les befoins, lequel dure tant qu'ils y trouvent leur avantage, & ceffe en même-temps que les motifs qui l'ont fait naître. Tel eft le fond qu'on doit faire fur l'amitié des enfans. D'où il réfulte que l'Education privée n'ayant aucun reffort affez puiffant pour animer les jeunes gens au travail, on doit néceffairement lui préférer l'Education publique.

Mais quand je parle d'Education publique, qu'on ne s'imagine pas que j'entende cette Education aggrégative des colléges, qui confifte à raffembler le plus de jeunes gens qu'il eft poffible dans un enclos féparé du monde & de la fociété. Rien n'eft plus oppofé à l'idée que j'en ai. Celle dont je veux parler, doit avoir un but fixe & déterminé ; tandis que l'Education des colléges n'en a aucun. L'une a pour témoin la fociété entiere, l'autre n'a que des murailles pour fpectateurs & pour juges. La premiere communique fes leçons par l'organe des perfonnes les plus vertueufes, la feconde n'emploie pour fes interprêtes que de vils mercenaires. En un mot, celle que nous avons en vue eft une bonne mere qui forme les qualités du cœur & de l'efprit de fes enfans ; au lieu que l'autre eft une marátre qui corrompt & empoifonne tout ce qui a le malheur de l'approcher. Pour s'en convaincre, il suffit de jeter un coup d'œil sur la plupart des jeunes gens qui sortent des colléges. En effet, qu'est-ce qu'un écolier? Si non un assemblage de vices, de défaut & de ridicules; vices de cœur, il n'a ni attachement pour ses parens, ni reconnoissance pour ses maîtres; vices d'esprit, il déraisonne presque généralement sur toutes sortes d'objets; défauts de corps, il n'a ni adresse, ni maintien; défaut de caractere, il est d'une maussaderie qui le rend insupportable à tout le monde; ou il garde le silence comme un imbécile, ou il parle à tort & à travers comme un insensé; source intarissable de ridicules, son grand art est de vouloir ridiculiser les autres, quoiqu'il ne réussisse pourtant qu'à faire le personnage qui lui convient, savoir, celui d'un polisson.

Mais si tels sont les disciples, que doivent donc être les maîtres? La Fontaine les a dépeints en deux mots, lorsqu'il a dit qu'il ne connoissoit pas de voisinage pire que celui d'un écolier, excepté le pédant qui est chargé de l'instruire. Ce portrait paroîtra sans doute un peu hideux. Que seroit-ce donc, si l'on y avoit mis la derniere main, en crayonnant le vice qui regne aujourd'hui dans tous les colléges, & sur-tout ceux de la Capitale? Vice infâme & pourtant si commun, que le seul moyen de l'extirper, seroit peut-être de les détruire de fond en comble! Et qu'on ne s'imagine pas qu'il n'y ait que les écoliers qui en foient atteints : plus d'un maître en a donné à fes éleves les abominables leçons : en forte qu'on peut dire d'eux & de leurs difciples, ce que Virgile met dans la bouche d'un de fes bergers.

Idem amor exitium pecori, pecorifque Magiftris.

Non je ne dis rien ici dont je ne fois fûr, & qui ne m'ait été confirmé par quantité de perfonnes dignes de foi, qui après en avoir été euxmêmes les trifles victimes, ont enfin reconnu le précipice où elles fe plongeoient. Il y a longtemps que je garde à regret le filence fur cet article. Mais enfin le temps eft venu de le publier, pour répondre à ma patrie qui s'étonne de la dégénérefcence de fes enfans. O France! ne cherche point ailleurs la caufe de ta décadence, c'eft dans le fein de tes villes que fe creufe ton tombeau, & que l'on machine ta perte & ta ruine. Oui c'eft dans ces antres ténébreux, où tes jeunes gens raffemblés comme de vils troupeaux fe corrompent au moral & au phyfique. Je dis au moral comme au phyfique; car que peut une ame plongée dans un corps épuifé par la débauche, finon toute efpece de baffeffe, de lâcheté & d'infâmie? De-là le courage impuiffant de tes guerriers, l'imbécile arrogance de tes Juges,

& l'aviliffement de tes Prêtres ; de-là cette foule de petits fyftêmes irréligieux, dont l'unique but eft de calmer l'inquiétude de gens corrompus, ces pitoyables romans, deftinés à égayer la trifte & fombre mélancolie des hommes & des femmes, également attaqués de vapeurs ; de-là enfin cette multitude de petits libelles, qui fortent périodiquement du cerveau de nos petits maîtres devenus docteurs. Que l'ignorance de nos peres étoit préférable à notre prétendue fcience !

Mais fi telles font les productions de nos écoles, ce n'étoit pas la peine de préparer à fi grands frais une fi mauvaife Education. J'en conviens. Auffi n'eft ce pas de celle-là fans doute qu'ont voulu parler les académies de Marfeille & de Châlons, quand elles ont demandé à toute l'Europe lettrée ; l'une, quel eft le plan d'Education publique le plus conforme à la fituation d'une Ville confidérée comme marchande & maritime ? L'autre, quels font les défauts de l'Education actuelle & les moyens d'y rémedier ? Autrement elles n'auroient eu qu'à s'adreffer à l'Univerfité de Paris, la mere de toutes les autres ; en la priant de leur délivrer une copie de fes inftitutions claffiques avec un régment de Pédagogues pour les exécuter au befoin, comme avoient déjà fait plufieurs villes de Province, après l'exclufion des *Jéfuites*. Elle ne l'ont point fait. Donc elles ont reconnu l'infuffifance & le vice de toutes nos inftitutions. En effet, y a-t-il rien de plus abfurde que de tenir pendant dix à douze années des jeunes gens appliqués à compofer alternativement des thêmes & des verfions, à tourner de la profe & des vers, à phrafer des mots, auxquels on donne le nom pompeux d'amplifications ? Y a-t-il rien de plus barbare que de les renfermer continuellement entre quatre murailles, féqueftrés de la fociété des vivans, féparés de leur famille, uniquement livrés à des poliffons, ou à quelques pedans auffi peu inftruits que ceux qui font confiés à leurs foins ? Voilà pourtant ce qui s'appelle faire un cours d'humanités. Etranges humanités ! autant vaudroit les envoyer chez des fauvages pour les policer & les civilifer. Oui je friffonne encore d'horreur, quand je penfe qu'il m'a fallu paffer par un tel apprentiffage.

Mais ils ont, dira-t-on, la fociété de tous les grands Hommes de l'antiquité, avec lefquels ils s'entretiennent perpétuellement. Il eft vrai qu'on leur met entre les mains des chef-d'œuvres qu'ils ne comprennent point, & dont ils font tellement dégoûtés quand ils fortent des colléges, qu'ils ne daignent plus y jeter un coup-d'œil le refte de leur vie. Car c'eft encore une fuite de l'Education collégienne, de communiquer à fes nourriffons une répugnance invincible pour tout ce qui

les environne dans l'enfance & la jeuneffe. De-là
l'ingratitude qu'ils témoignent pour leurs maîtres,
& l'indifférence qu'ils ont pour leurs parens ; ils
ne croient rien devoir aux premiers comme ayant
été leurs bourreaux , & aux feconds pour les y
avoir livrés. Tels font les vices & les défauts que
rapportent prefque tous les jeunes gens qui fortent des colléges. Mais que faire pour y rémedier?

Le voici en deux mots & fans détour : détruire la plupart des colléges, & changer totalement la face de l'Education actuelle. En vain,
l'on chercheroit à y apporter quelque correctif ,
on ne feroit que pallier le mal. Il faut que l'é-
difice foit renverfé de fond en comble , & tranf-
porté dans un autre endroit, de peur que de fes
ruines il ne s'exhale encore quelqu'air contagieux
qui faffe revivre la pefte parmi la nouvelle peu-
plade. En effet, étoit-il raifonnable de placer des
colléges au milieu des grandes Villes , où tout
eft fait pour allumer le feu des paffions , où tout
ne refpire que le plaifir, (1) le libertinage & la
débauche, où le vice fe communique par tous
les fens? Etoit-ce donc au fein de la corruption
que devoit être fitué le berceau de l'honneur ,
de la modération, de la tempérance & de toutes
les vertus? Que les Perfes penfoient bien plus
fagement au rapport de *Xénophon !* Regardant les

écoles comme un temple & un fanctuaire, d'où rien d'impur & de profane ne devoit approcher, ils avoient pris foin de les écarter non - feulement de tout ce qui pouvoit porter atteinte à la pureté des Mœurs, mais même offenfer les oreilles chaftes & pudiques de la jeuneffe.

C'eft pourquoi je ne puis m'empêcher d'être étonné de la folie de ces peres, qui, vivant dans les Provinces, où la corruption eft infiniment moindre que dans la Capitale, ont la folie d'y envoyer leurs enfans. Cela ne peut fe comparer qu'à un lapidaire qui jeteroit fes perles dans du fumier pour les polir & les décraffer.

Mais il n'y a, dit-on, qu'à Paris, où les jeunes gens apprennent parfaitement le latin. Quand cela feroit, ce que je n'ai garde d'accorder, eft-il permis pour un peu de latin, de facrifier la candeur, la fimplicité & les mœurs de fes enfans? Ne vaudroit-il pas mieux qu'ils ignoraffent les premiers élémens de cette langue, que de les apprendre à un tel prix? Il n'eft peut être pas de pere, pour peu qu'il ait de fens commun, qui n'en convienne. Mais voyant que tant d'autres précipitent les leurs dans le même cloaque, il fe tranquillife là-deffus. L'opinion d'autrui, fait la fienne, c'eft la pente univerfelle, & il s'y laiffe entraîner, fe fouciant peu du refte d'avoir des enfans honnêtes, pourvu qu'on dife de lui qu'il a fait de grandes dépenses pour leur Education. Voilà comme on pense & comme on agit. Jusqu'à quand préférerons nous l'apparence à la réalité? Et toi, vanité puérile, seras-tu toujours le tyran de l'homme pour le gouverner à ta fantaisie, même contre ses propres lumieres? Est-ce donc qu'un fils vertueux, élevé par un maître d'école de Village, n'est pas infiniment préférable à un polisson embarbouillé de latin, qui, en rôdant par tous les colléges de Paris, aura perdu son innocence, & détérioré toutes les bonnes qualités qu'il avoit reçues de la nature?

Si donc le centre d'une grande Ville n'est nullement propre à servir d'emplacement aux édifices destinés à l'Education de la jeunesse, où faudra-t il les placer? Qu'on les place où l'on voudra, pourvu qu'ils soient éloignés des influences malignes qui regnent dans nos Cités. Par-tout ailleurs ils seront bien. Néanmoins l'endroit le plus convenable me paroît être une campagne, où l'on jouiroit d'un air pur & salubre, où les promenades seroient aussi fréquentes que variées, en un mot, où la nature se dévoileroit à tous les yeux dans sa majestueuse simplicité. Cette idée n'est pas nouvelle, elle s'est présentée à d'autres avant moi; elle a même été mise à exécution par une société de Gens de Lettres, qui s'étoient dévoués à la pratique de toutes les vertus, en même-temps qu'à l'Education de la jeuneſſe. Les ſuccès qu'elle a eu en ce genre pendant la courte durée de ſon exiſtence, ont été tels que jamais la France ne pourra aſſez regretter ſa perte & gémir ſur ſa deſtruction. Il eſt vrai que les hommes pervers qui l'avoient ſollicitée par leurs intrigues & leurs fourberies en ont été punis; mais le mal étoit fait & il ne ſe reparera jamais.

Quel malheur pour toi, ô France! de n'avoir pas ſu connoître le tréſor que tu poſſédois dans ton ſein , & d'avoir prêté l'oreille aux calomnies de lâches ſéducteurs , qui n'ont jamais cherché qu'à procurer leur aggrandiſſemens aux dépens de la bonne-foi , de la vérité & de la Religion! Troupe impie & déteſtable , pourquoi n'as tu pas été étouffée dès l'inſtant de ta naiſſance? Hélas! nous poſſéderions encore les célebres écoles de Port-Royal (2). Je ſais qu'on a cherché depuis à les relever dans pluſieurs endroits à-peu-près ſemblables; mais ſans aucun ſuccès; parce que d'abord l'hydre qui avoit détruit les premieres, ſouffloit encore par-tout ſon noir venin , qu'enſuite il ne ſe rencontre pas tous les jours des Saint-Cyrans, des Paſchals , des Arnaulds , des Sacys & des Nicoles. Car il ne ſuffit pas de bien placer une école d'Education ; il faut encore avoir des maîtres capables de la régir & d'y donner des leçons; & ce n'eſt pas la choſe la plus facile à trouver. Je n'appelle point de ce nom tous les mercenaires, qui exerçent aujourd'hui cette noble profeſſion, ſous le titre de Maîtres-ès-Arts, de Régens & de Docteurs.

Quoi! mercenaires, s'écriera-t-on! les écoles ne ſont-elles pas gratuites dans preſque toutes les Villes, & en particulier dans la Capitale?

Je le ſais, & cependant je perſiſte à les regarder comme tels. De quelque part que vienne l'argent, dès-lors que l'on en reçoit on eſt mercenaire; & l'on eſt plus que mercenaire, on eſt eſclave, lorſque ſans ſe ſoucier de remplir ſa tâche, on veut en recueillir le ſalaire.

Or, n'eſt-ce pas la façon de penſer de la plupart de ceux dont nous parlons. En effet, à quoi aſpire chacun des Profeſſeurs actuels de ces prétendues écoles gratuites? ſi ce n'eſt à recevoir leur paye au bout de l'an, & à devenir émérite le plus promptement qu'il leur eſt poſſible, afin de vivre ſans rien faire, & de jouir d'un repos qui ne devroit être accordé qu'à ceux qui ſont dans l'impuiſſance réelle de continuer leurs fonctions, ou du moins qui l'ont mérité par des ſervices longs & aſſidus. Quel fruit a donc produit cette gratuité des écoles, ſi elle n'a fait que rendre plus lâches & plus pareſſeux qu'auparavant, ceux qui ont été l'objet de la munificence du gouvernement. Ce n'eſt pas que je prétende pour cela que cette gratuité ſoit un mal en ſoi ; je demande ſeulement pourquoi elle a ſi mal réuſſi. Ne ſeroit-ce pas parce que quand un vaſe eſt infecté, tout ce qu'on verſe dedans ne fait que s'aigrir & ſe corrompre? Car le mal vient de l'homme, & non de ce qui eſt hors de lui. Ainſi, quand on le voit abuſer des meilleures choſes, on doit conclure qu'il eſt mauvais. Mais, qu'eſt-ce qui l'a rendu tel? c'eſt préciſement ce que nous cherchons à corriger, je veux dire ſa pente à dégénérer, jointe à la mauvaiſe Education qu'il a reçue.

Inutilement donc, pourra-t-on m'objecter, vous cherchez à relever nos écoles. Si vous ne changez le vaſe, vous n'en viendrez jamais à bout. Et comment le changer, ſi tout eſt perverti?

J'avoue que l'objection eſt preſſante ; elle ſeroit même ſans réplique, ſi tout étoit tel qu'on le ſuppoſe. Mais il faut eſpérer que tous n'ont point courbé le genou devant Baal, ou fléchi devant l'Idole de l'intérét. Il eſt ſans doute encore quelques ames généreuſes, capables de ſacrifier leurs temps, leurs veilles & leurs travaux au bien de leurs Concitoyens. Il s'agit ſeulement de les découvrir, & de les forcer d'accepter un emploi honorable & pénible que leur modeſtie ne leur permet pas de rechercher. Et dans quelle claffe de Citoyens peut-on les rencontrer? Dans toutes, excepté peut-être dans celle dont ils fe font bannis pour éviter les tracafferies de Religion, fufcitées par une Cour ambitieufe & fuperbe, qui pour rétablir un pouvoir fantaftique qu'elle avoit perdu, a femé depuis plus d'un fiecle la divifion dans le fein de tous les Etats. Malheureufe Cour, oui c'eft toi, qui as avili le Clergé, les Prêtres, & encore plus les Evêques, qui pour obtenir un vain chapeau, fe font prêtés à toutes les fourdes menées d'une fociété politique & intrigante, que tu avois à tes ordres. Auffi le mal que 'tu as fait, tôt ou tard retombera fur ta tête, & déjà même tu en portes la peine par le mépris où tu te vois réduite.

Si donc l'on defire fincérement de faire ceffer l'Education étrangere & monacale, à laquelle nous avons été fi long temps affujettis, on commencera par écarter cette foule d'Inftituteurs mercenaires, dont les colléges font remplis, & qui appartenans à une puiffance étrangere, ont des maximes & des principes abfolument différens des nôtres. On les remplacera par le choix de Citoyens vertueux & favans, entierement défabufés des fauffes prétentions de la Cour Romaine, libres du joug épifcopal & de toute efpece de domination, excepté celle de l'Etat fous les aufpices duquel ils auront à vivre. J'ai dit par le choix, & non par le concours & les grades, ces deux dernieres voies m'ayant toujours paru trop infuffifantes pour juger non-feulement du mérite d'un homme, mais même de fa capacité. Car que prouve le concours? finon que celui qui s'y préfente, s'eft préparé de longue main au combat, où il vient armé de toute piece, afin de l'emporter fur fes rivaux. Mais à peine la victoire eft-elle décidée, qu'il met bas les armes, & fe repofe tranquillement à l'ombre de fes lauriers: femblable à ces Athlétes de la Grece, qui favoient réfifter fur l'Arêne Olympique, & fe laiffoient vaincre dans les camps & dans les armées. Tel eft le caractere de la plupart des hommes; capables de faire un grand effort pendant quelques inftans, dans l'efpoir d'une victoire prochaine, ils fe rebutent à la vue d'une longue & pénible carriere. Or de pareils champions ne font nullement propres à remplir les fonctions d'Inftituteurs auprès de la jeuneffe, dont les progrès font fi lents, & les fruits fi tardifs à recueillir.

Que fi un concours paffager ne peut mettre à portée de juger de la capacité d'un maître, il pourra encore moins faire connoître la patience, la douceur, & la dextérité, qui font des qualités pour le moins auffi néceffaires que la fcience. Car

à quoi ferviroient des lumieres, fans l'adreffe &
le talent de les communiquer?

Ce que l'on vient de dire au fujet du concours, peut s'appliquer également aux grades de
Maîtres-ès-Arts, de Bachelier, de Licencié, qui
fondés communement fur quelque thefe publique,
précédée d'un foible examen, n'ont d'autre mérite que l'argent, donné par les Récipiendaires, &
rembourfé par les Examinateurs & les Juges. C'eft
le tour du bâton de chacune des Facultés dont
font compofées les Univerfités, & ce font celles
qui vendent leurs titres à meilleur marché, qui
ont le plus de pratique. Jufqu'à quand ce hon-
teux trafic déshonorera-t-il le fanctuaire des mufes
& des arts? Mais je parle en vain, l'avarice n'a
point d'oreilles; d'ailleurs, chacun fe croira toujours en droit de revendre ce qu'il achete lui-
même. Le feul moyen d'abolir cet efprit mercan-
tile, feroit de rétablir les élections. Alors chacun
fe trouvant placé où fon mérite & fes talens re-
connus & publiés par la voix de la renommée
l'auroient appellé, on verroit les arts redeve-
nir ce qu'ils doivent être, c'eft-à-dire, vraiment
libéraux.

Je m'attends bien que ces moyens de parvenir
aux grades & aux dignités, ne plairont guere à
des gens qui, fe trouvant placés par toute autre
voie, craindront le changement qu'il pourroit ré-

fulter pour eux de ce nouveau fyftême, ni à ceux qui étant accoutumés au ton abfolu du defpotifme, ne connoiffent que la fervitude, & jugent le peuple incapable de faire un choix raifonnable. Mais, fans m'embarraffer de l'approbation des premiers, je veux que ceux-ci fachent que jamais Rome ne fut mieux gouvernée que quand le peuple avoit la liberté d'élire fes Magiftrats, que jamais l'Eglife ne fut plus floriffante qu'au temps où les fideles nommoient eux-mêmes leurs propres Pafteurs. Or, qui empêcheroit que ce qui fe pratiquoit autrefois avec fuccès ne pût fe renouveller de nos jours? Le grand point à obferver dans cette matiere, feroit de faire en forte que ces élections fuffent libres, & que perfonne ne cherchât à dominer par fon influence, ou par celle d'autrui. Autrement elles dégénereroient promptement en cabales & en brigues, & le gouvernement prendroit delà occafion de les fupprimer, fous prétexte de paix, & de tranquillité.

Vous donc qui demandez le meilleur plan d'Education dont votre Ville foit fufceptible, voilà le premier pas que vous avez à faire : établiffez, non des grades à un concours qui ne prouvent rien, mais une entiere liberté de fuffrages dans l'élection des fujets, deftinés à inftruire ceux qui doivent un jour vous remplacer dans les fonctions de la robe ou de l'épée, du facerdoce & de l'empire. Que si vous ne vous sentez pas assez de courage pour le faire, il est inutile d'aller plus avant pour retomber peu après dans les mêmes dangers dont vous vous efforcez de sortir. Laissez les choses dans l'état où elles sont, laissez vos enfans suivre la même routine que leurs peres, laissez-les s'abrutir sous la verge de l'ignorance & de l'esclavage.

Mais supposons cette premiere démarche faite & des maîtres choisis parmi l'élite des Citoyens, il sera nécessaire, comme nous l'avons déjà fait entendre, de se soustraire au despotisme des Evêques, à l'espece d'inquisition qu'ils exerçent depuis long-temps, inquisition aussi funeste que celle qui regne encore en Italie & en Espagne. Bien qu'elle ne marche pas avec le même appareil, & ne fasse pas brûler ses victimes, elle produit néanmoins le même effet, qui est d'établir l'ignorance & la superstition sur les ruines de la liberté & de la vraie Religion. Tel fut l'esprit qui dicta la révocation de l'Edit de Nantes, laquelle priva la France d'un million d'habitans, & fit le malheur de deux millions d'autres; tel est encore celui qui dicte tous les jours ces formules captieuses de professions de foi, qui jettent le trouble dans les ames. Mais à la suite de cette liberté qui convient si bien à des êtres pensans, doivent marcher la considération & les honneurs; je n'entends point cette considération stérile &

ces honneurs frivoles, qui confiſtent à chauſſer la fourrure & le bonnet de docteur, ou à devenir membre de ces académies ſi multipliées & ſi inutiles, mais à remplir les places diſtinguées auxquelles peuvent prétendre le mérite & la vertu. Je veux qu'élevés aux premieres dignités dans l'Egliſe & dans l'Etat, ils gouvernent les hommes dont ils ont ſu ſi bien conduire l'enfance & la jeuneſſe.

Les Chinois nous donnent l'exemple d'une pareille conduite, & nous ne devons pas rougir de marcher ſur les traces d'un peuple ſi ſage & ſi éclairé. Que dis-je? Tel étoit autrefois l'uſage de la Monarchie Françoiſe, avant le regne venal de Francois premier. Combien de grands Miniſtres & de grands Evéques ne tira-t elle pas de la pouſſiere de nos Ecoles? Car il fut un temps où les choſes n'étoient point comme elles ſont aujourd'hui, c'eſt-à-dire, où les Univerſités jouiſſoient de quelque conſidération & la méritoient. Mais depuis les troubles dont nous avons parlé, depuis que toutes les hautes places, les Abbayes, les Evêchés, devenus l'appanage de la Nobleſſe, ont été ſoumis à la nomination d'un ſeul homme, le plus ſouvent gouverné par de baſſes courtiſanes & de viles comédiennes, les Univerſités ſont tombées dans le mépris, & leurs membres n'ont plus été traités que comme des pedans &

des

des cuiſtres, pour me ſervir de l'expreſſion d'un Auteur célebre.

L'Egliſe de ſon côté a-t-elle gagné à ce changement! Qu'il s'en faut hélas! ſon dépériſſement eſt encore devenu plus grand que celui des Univerſités, quand elle n'a plus poſſédé pour ſurveillans que des nobles ignorans, qui ne ſavent qu'étaler un vain luxe & commander avec le caractere de hauteur & de fierté dont ils ſont imbus dès leur enfance. O Princes de la terre, que n'avez vous plutôt repris tout ſimplement les biens temporels dont vous l'aviez dotée, ſi c'étoit là l'objet de votre cupidité! elle eût moins reſſenti de dommage de ſa pauvreté, que des richeſſes perfides que vous lui avez laiſſées, & les Univerſités à leur tour auroient moins eu de part à ſon aviliſſement, en devenant elles-mêmes les eſclaves de tous ces fiers deſpotes qui les dominent.

Un dernier événement qui a porté le coup mortel aux Univerſités, a été la protection accordée par le gouvernement à ces compagnies de ſavans, qui échappées furtivement de leur ſein ſe ſont érigées en académies. Filles dénaturées, elles donneront la mort à celles de qui elles ont reçu le jour, en les déſſéchant & les faiſant périr d'inanition. Que réſultera-t-il de là? c'eſt que ces filles ſi fieres aujourd'hui de leurs attraits & de leur beauté, perdront elles-mêmes tous ces avantages, en punition de ce qu'elles auront fait périr leurs meres. Ce ne font point ici de vaines conjectures. Le fait ne juſtifie déjà que trop cette prédiction. En effet, voit-on nos académies briller à préſent du même luſtre & du même éclat dont elles ont relui au commencement de leur érection? Où font maintenant, où font les Racines, les Boſſuet, les Corneille, les Boileau, les Fontenelles, les Caſſini, les Rollin, les Clairaut & tant d'autres dont les ouvrages immortels paſſent pour inimitables, non que la nature foit épuiſée, mais parce que la ſéve qui couloit autrefois parmi nous, & qui contribuoit à les former, a dégénéré? Voilà certainement à quoi aboutira tout ce pompeux étalage d'académies, à moins qu'on ne les ſupprime, ou qu'on ne les faſſe rentrer dans le giron de celles qu'elles ont fi lâchement abandonnées. Ce dernier parti feroit fans doute le meilleur à prendre à leur égard: du moins il pourroit contribuer à ranimer le cadavre languiſſant de leurs meres nourrices, & les mettroit elles-mêmes dans la poſition d'être infiniment plus utiles à la ſociété qu'elles ne le font dans leur état actuel. Car à quoi fert maintenant tout ce luxe de ſciences & de littérature, renfermé dans des livres que peu de perfonnes font à portée de lire, & de machines étalées entre quatre murailles, ou devant des gens oiſifs, qui fouvent n'y connoiſſent

& n'y comprennent rien ? *Ad quid deperditio tanta ?*
Ne vaudroit-il pas mieux que tout cela fût ex-
posé sous les yeux d'une nombreuse & ardente
jeunesse, qui dévore tout ce qui est nouveau pour
elle, qui ne cherche qu'à apprendre & à imiter ?
Une génération entiere en profiteroit, les con-
noissances utiles s'étendroient davantage & feroient infiniment plus de progrès.

Mais ne seroit-ce pas, pourra-t-on me dire,
jeter des perles devant des pourceaux, que de
s'installer devant des polissons de colléges, auxquels on est obligé de donner la chasse dans tous
les lieux honnêtes où ils se présentent ? Cela peut
être. Et à qui doit en imputer la faute, répon-
drai-je aux Académiciens ? N'est-ce pas à vous qui
les avez abandonnés, qui les avez laissés livrés
à des ignorans qui n'ont su que les gâter ? C'est
donc à vous de les aller chercher, en forçant
leurs *Circés* à vous ouvrir les étables où se vau-
trent ces pourceaux, & d'employer de nouveau
la baguette magique de ces enchanteresses, pour
restituer à vos compagnons la figure humaine
qu'ils ont perdue. Tels sont les changemens à
faire, si l'on desire sincérement de corriger les
vices de l'Education actuelle.

Comme ce n'est pas assez d'avoir fixé l'emplacement le plus propre à recevoir un édifice, ni
trouvé les artistes & les ouvriers les plus capa-

bles de le conduire à fa perfection, fi l'on ne convient en même-temps du plan à fuivre dans l'exécution, de l'ordre & de la fymmétrie à employer
dans les ornemens, de la diftribution à mettre
dans les différentes pieces, pour leur communiquer toute la commodité & l'agrément dont elles
font fufceptibles ; de même il ne fuffit pas d'avoir
fondé un collége, ni choifi les maîtres qui doivent y dicter leurs leçons ; car ce collége aura un
but quelconque. Or, pour parvenir à ce but, il
faut qu'il regne un concert & un accord parfait,
entre tous les différens coopérateurs : ce qui ne
peut s'obtenir qu'en établiffant les regles d'une
même difcipline, & en déterminant la méthode
commune à laquelle chacun devra fe conformer.
Je fens que c'eft ici maintenant la tâche qui me
refte à remplir. Que n'ai-je la lyre d'Orphée, où
plutôt celle d'Amphion, pour raffembler toutes les
pieces qui doivent compofer le Code facré, propre à régénérer l'Etat, en formant une nouvelle
race de Citoyens ! Mais, eft-ce à moi de dicter
des loix à des fages ? N'eft-ce point ufurper fur
leurs droits, infulter à leurs talens & à leur mérite, que de tracer d'avance la route qu'ils auront
à parcourir ? Quoi qu'il en foit, je fuppoferai que
j'aie l'honneur d'être du nombre de ces hommes
choifis, & que l'on me demande compte du plan
que je me propofe d'exécuter. Voici à-peu-près

quelle feroit ma réponfe , & c'eft elle qui fera le
fujet de la feconde Partie de ce Mémoire, dont
la premiere paroîtra peut être une excurfion à
plufieurs; quoiqu'elle me femble pour le moins
auffi utile que celle qui va fuivre; car pour élever un nouvel édifice n'eft-on pas fouvent obligé
d'en détruire un ancien qui menaçoit ruine, ou
d'une ftructure gothique & ridicule, d'en ôter les
décombres & de nettoyer le terrein? Or, c'eft-là
précifément ce que j'avois à faire. Car combien
de préjugés n'avois-je pas à combattre, d'erreurs
à redreffer, d'abus à réformer, & tous confacrés
par une longue fuite de fiecles, & par le refpect
d'une multitude de générations?

SECONDE PARTIE.

Déja depuis long - temps plufieurs grands Hommes avoient fenti la néceffité de réformer les études, & même indiqué les moyens de le faire dans des ouvrages excellens qui font entre les mains de tout le monde. Mais prefque perfonne n'avoit encore propofé la réforme de ces Corps, qui par état font chargés de les diriger. De là certainement le peu de progrès des Univerfités, & leur lenteur à profiter des nouvelles découvertes en tout genre, qui fe font faites depuis un fiecle, & qui fe font encore tous les jours dans les Arts & dans les Sciences. En effet, ce n'a été qu'après un long-temps, & avec beaucoup de peines qu'elles fe font enfin décidées à apporter quelque changement à leur enfeignement & à leur vieille routine. Toute l'Europe avoit changé de façon de penfer fur prefque toutes les parties de la Philofophie, lorfque les Univerfités n'avoient pas encore donné le moindre figne de vie à cet égard ; où fi elles s'en occupoient, c'étoit pour repouffer les traits de lumieres, qui venoient les percer de toute part, & pour perfécuter les *Socrates*, qui vouloient les faire fortir des tenebres de l'ignorance où elles étoient plongées. C'eſt donc rendre un véritable ſervice aux Sciences, aux Arts & à la Patrie, que de mettre la coignée à la racine de ces arbres antiques & trop reſpec-tés, qui couvrent la terre d'un ombre contagieuſe & où les ſeuls corbeaux s'empreſſent de venir croaſſer.

Comme il ſeroit dangereux d'abattre, ſi l'on ne penſoit en même-temps à relever, il faut voir de quelle maniere pourront ſe réparer ces ruines. D'établir un véritable plan d'Education publique & nationale, ſeroit ſans doute ce qu'il y auroit de mieux à faire. Mais pour y réuſſir, il faudroit être un Licurgue; encore même n'en viendroit-on pas à bout, tant la choſe eſt étrangere à nos Mœurs, & incompatible avec nos gouvernemens modernes. En effet, [3] l'Education publique devant s'exé-cuter ſous les yeux de tous les Citoyens, quelle Cité voudroit ſe réſoudre à quitter ſes frivoles amuſemens, renoncer à toutes ſes vaines occupa-tions, pour ſe livrer totalement à l'inſtitution de la jeuneſſe? Combien ne prêteroit-on pas à rire à nos petits maîtres, & à ces gens d'affaire qui ſe croient ſi importans, ſi l'on renouvelloit parmi nous ces repas publics, ces jeux, ces exercices & ces courſes, qui ſe célébroient autrefois ſur les bords de l'Eurotus? Combien ne feroit on pas crier tous ces riches fainéans, dont nos Villes font peuplées, fi l'on chaffoit comme à Sparte, tous les hiftrions & les comédiens deftinés à amu-fer leur oifive indolence? Que diroient ces Nobles & ces Grands, qui regardent comme le premier de leurs priviléges de vivre fans rien faire, fi les réduifant au niveau des autres hommes, on leur laiffoit pour toute reffource un petit champ qu'ils feroient forcés de cultiver de leurs propres mains? Enfin, que penferoient ces femmes fi vaines & fi délicates, dont l'unique emploi dans le monde eft de chercher à plaire & à faire des adorateurs, s'il falloit renoncer à toutes leurs parures & à leurs ajuftemens, pour fe foumettre, ainfi que les hommes, à une vie active & laborieufe? Mais qu'elles fe raffurent là-deffus. Nous fommes bien éloignés d'ofer afpirer à un fi haut degré de perfection. Heureux! fi, fans toucher à la conftitution politi-que, nous pouvions feulement corriger quelqu'un des vices & des abus qui regnent dans nos infti-tutions modernes, relativement à l'Education!

Or, c'eft ce que nous avons déjà commencé de faire, en changeant la fituation des colléges, & leur impofant pour maîtres des hommes choifis parmi l'élite des Citoyens, les plus diftingués par leur mérite & leur vertus. Maintenant nous allons continuer de nous en occuper, en y établiffant la forme & le régime les plus propres à conferver les Mœurs; & empêcher qu'elles ne fe corrompent. Cet article est de la derniere importance, puisque de lui dépend le succès de tout le reste. C'est le mur dont on doit enclôre un champ avant de penser à l'ensemencer, afin de le mettre à l'abri des ravages de l'ennemi, qui, comme l'on fait, étant de deux sortes, extérieur & intérieur, exige nécessairement une double enceinte.

A l'égard du premier, il ne sera pas difficile de s'en garantir après les précautions que nous avons prises d'éloigner nos colléges du centre de la corruption, & de mettre entr'elle & nous une vaste solitude, comme font les grands Peuples de l'Orient, pour se préserver d'une invasion étrangere & subite; un petit nombre de sages réglemens destinés à écarter toute communication au-dehors avec ce qui pourroit tendre à corrompre l'esprit & le cœur, & quelques sentinelles placées à propos pour les faire exécuter, suffiront, je pense, pour achever de dissiper toute crainte, & calmer nos inquiétudes. Il ne sera pas aussi facile de triompher de celui, qui conçu des dents du serpent, sort tout-à-coup de la terre, & se montre armé de pied-en-cap, au milieu même de la place qu'on cherche à défendre. En vain, pour l'endormir vous emploiriez les médicamens enchantés de l'artificieuse Medée. Plus vigilant que le dragon qui gardoit la toison d'or, il ne permet jamais à ses yeux de sommeiller; & plus terrible mille fois que l'hydre terrassé par *Hercule*, il affronte le fer & la flamme, tandis qu'il gâte tout ce qui touche, qu'il corrompt tout ce qui l'approche, en répandant par-tout la contagion de son souffle empoisonné.

Que faire donc pour se préserver d'un pareil fléau, contre lequel ni la force, ni l'adresse ne peuvent rien ? Faudra-t-il le laisser exercer impunément ses ravages? Il vaudroit mieux mille fois que jamais il n'existât de colléges, que d'acheter la science à un tel prix.

Prendra t-on le parti d'expulser ceux qui auront eu le malheur d'en être les victimes? Mais on pourroit dire à ceux qui en agiroient de la sorte, c'est votre négligence ou votre mauvaise institution qui en sont la cause, c'est donc à vous qu'il appartient de les corriger; & pour les corriger, se contentera-t-on, à l'exemple des grandes Villes, où des potences & des gibets sont dressés pour punir les malfaiteurs, & mille espions soudoyés par la police pour les découvrir, se contentera-t-on, dis-je, de statuer des peines contre les coupables, de mettre en honneur l'art odieux des délateurs? Mais ignore-t-on que les supplices ne forment point des hommes vertueux, que les miasmes du vice peuvent échapper aux yeux les plus clair-voyans, & que l'effet ordinaire de la délation est de corrompre ceux qui l'emploient en même-temps qu'il étouffe la confiance qui doit regner

entre les jeunes gens, entre le maître & le difciple, fans corriger foncierement ceux qui font
l'objet de fes pourfuites. Il ne faut donc guere
compter fur de pareils remedes, qui d'ailleurs ne
s'emploient que dans le déclin des inftitutions,
c'eft-à-dire, lorfque la corruption eft parvenue à
un tel degré que le mal ne peut être corrigé que
par le mal même.

Pour nous nous croyons qu'il vaut mieux travailler à n'en avoir pas befoin, étant perfuadés
que comme il eft plus aifé de conferver les hommes en fanté, que de les guérir quand ils font
malades, de même le grand art du Légiflateur,
eft moins de dicter des loix pour punir le crime,
que de faire en forte de le prévenir.

C'eft pourquoi confidérant que le mal moral,
ainfi que le phyfique, eft prefque toujours la fuite
d'une mauvaife combinaifon de chofes ou de perfonnes, nous tâcherons de découvrir celle qui le
produit. Il en eft malheureufement plus d'une:
mais la principale à mon avis, eft l'attroupement
qui fe fait d'enfans de toute efpece & de tout
âge indiftinctement. Il n'en faut qu'un pour en
gâter une multitude, & ce font prefque toujours
les anciens qui rendent ce mauvais fervice aux
nouveaux. En effet, il eft rare que ceux-ci foient
vicieux, en fortant des mains de leurs parens.
Qu'on voie un enfant lorfqu'il quitte les ailes

d'une mere, qui elle-même a pris foin de cultiver fes premieres années; on y trouve prefque toujours la candeur & la fimplicité de l'innocence. C'eft une tendre fleur, dont l'émail pompeux enrichi par les pleurs de l'aurore, & careffé par la douce haleine des zéphirs, étale aux yeux les plus vives & les plus riantes couleurs. Mais auffi-tôt qu'un vent d'Aquilon lui a fait fentir fa piquante froidure, tout ce brillant éclat difparoît, elle fe flétrit, & tombe penchée fur fa tige mourante. De même fi vous examinez au bout de quelques mois d'aggrégation de collége ou de penfion, cet enfant qui vous avoit paru fi charmant, vous aurez peine à le reconnoître; tant fes traits ont été défigurés par le fouffle empefté de fes camarades, auquel, fi l'on joint encore l'ineptie de maîtres ignorans, il fera tout-à-fait méconnoiffable. Que de meres éprouvent tous les jours cette étrange furprife, fans en deviner la caufe; ou, fi elles la devinent, fans y apporter le remede! Nous n'aurons point à craindre, il eft vrai, ce dernier inconvénient, d'après le choix que nous avons fait de bons & fages Inftituteurs. Mais il refte toujours le premier qui naît de la multitude.

J'aurois pu dire, comme quelques-uns, que le vrai moyen de le faire évanouir, eft d'ifoler les jeunes gens, fi ce n'étoit couper le nœud de la difficulté fans la réfoudre; puifque nous fommes

convenus de la néceffité de l'Education publique.
Il faut donc en chercher un autre, qui fans détruire l'efpece d'aggregation que nous voulons
établir, conferve pourtant ce qu'il y a de plus
précieux dans l'homme, la pureté des Mœurs.
J'avoue que c'eft ici que fe fait fentir toute la difficulté de mon fujet. Car comment raffembler une
multitude de jeunes gens, fans qu'ils fe corrompent ?

Cependant je ne crois pas la chofe impoffible
en faifant réflexion que comme les liqueurs ne
fe gâtent, qu'autant qu'elles font un compofé de
matieres hétérogênes, & qu'elles trouvent une
bafe avec laquelle elles ont plus d'affinité qu'a-
vec celle qui leur eft unie ; de même les paffions
humaines ne fermentent & ne s'alterent qu'en
perdant leur naturelle fimplicité, & en fe fépa-
rant d'un objet capable d'épuifer tous leurs efforts.

Veut-on conferver cette fimplicité ? qu'on
imite la conduite de ces pafteurs de brebis, qui
voulant former un troupeau, choififfent les plus
faines & les plus robuftes, ayant foin d'écarter
celles qui leur paroiffent gâtées, ou qui mena-
cent de le devenir. Enfuite, comme les maladies
de l'ame, ainfi que celles du corps, demeurent
fouvent cachées aux plus attentifs, qu'on fépare
pour quelque temps les anciens d'avec les nou-

veaux , afin de s'affurer de plus en plus de l'intégrité des Mœurs de ces derniers. Ainfi l'on fait
fubir la quarantaine à tous les vaiffeaux qui vien-
nent de certaines contrées, avant de les admettre
dans nos ports , dans la vue de préferver un peuple entier de la contagion que pourroient recé-
ler leurs équipages. Enfin ce temps de preuve
une fois fini, qu'on place enfemble les jeunes
gens de même âge , & de forces à peu-près
égales : ce fera le moyen de les fixer pour jamais , en faifant naître parmi eux une noble émulation fans avoir à craindre les triftes effets de
l'envie. L'envie n'eft que le partage des ames
baffes & dégénérées. En conféquence voici le plan
que j'adopterois, fi j'avois l'honneur d'être du
nombre des Inftituteurs en queftion.

Je partagerois le cours d'Education en trois
époques , dont la première commenceroit à fept
ans, pas plutôt, & finiroit à dix. La feconde s'é-
tendroit depuis dix à quatorze , & la derniere ,
depuis quatorze à dix-fept ou dix-huit au plus
tard. Après quoi les jeunes gens feroient réunis
à leurs parens, pour en faire ce qu'ils jugeroient
à propos. Mais ce qu'il eft à propos de faire,
n'eft pas de les jeter dans des repaires, où la vertu
la mieux affermie ne pourroit s'empêcher de faire
naufrage, encore moins de les laiffer languir dans
le célibat , jufqu'à l'âge de trente-cinq à quarante

ans, sous prétexte qu'un homme ne doit se marier qu'après avoir déjà fait une partie de sa fortune, ou quand il rencontre une femme richement dotée. Ce systême est tout-à-fait opposé à la nature, aux bonnes mœurs & à la population. Il est opposé à la nature, en ce qu'il est impossible qu'un jeune homme garde aussi long-temps la continence ; aux bonnes mœurs, c'est le réduire à abuser de lui-même, où bien à séduire la fille & la femme de son prochain ; à la population, puisqu'on ne lui donne que les restes d'un corps usé par la débauche, & d'une ame avilie par toutes sortes de prostitutions.

Si je ne fais commencer la premiere époque de l'Education qu'à l'âge de sept ans, ce n'est pas que je prétende pour cela qu'elle soit jusqu'à ce terme purement négative. Elle doit être au contraire très-positive. Mais comme elle consiste moins en préceptes qu'en exemples, c'est au sexe le plus doux & le plus tendre qu'il convient de les donner. Ils passeront plus aisément par ce canal dans l'ame sensible des enfans, joint qu'il n'y à que des meres qui soient capables de tous les soins qu'exigent la vie humaine, qu'affliégent tant maladies & d'infirmités. D'où l'on voit en passant que l'Education des filles devroit être aussi soignée que celles des garçons. C'est ce qu'avoit très-bien senti M. de Fénélon, qui s'est donné la peine de

compofer pour elles un traité d'Education, &
c'eft auffi ce que le fameux Légiflateur de Sparte
avoit fu mettre en pratique dans fa République,
pratique à laquelle fans doute elle dut la plus
grande partie de fa gloire & de fes vertus. Car ce
font les femmes qui font les hommes, tant au
moral qu'au phyfique. Viciées & corrompues,
elles mettent au monde des êtres pareils ; vertueufes & fortes, elles obligent ceux-ci à le devenir.

S'il eft à propos que l'Education préceptorale
ne commence qu'à fept ans, il ne l'eft pas moins
qu'elle foit terminée à dix-huit ; afin qu'un jeune
homme ne languiffe pas éternellement fous la
verge des maîtres, & que s'effayant à marcher de lui-
même, il apprenne enfin fous la direction d'un fage
Mentor à connoitre le monde avant de s'y fixer
d'une maniere ftable & permanente. Souvent il
arrive que faute de cette expérience, il embraffe
un parti qui ne convient, ni à fa fortune, ni à
fes talens, & dont il a bientôt occafion de fe re-
pentir ; ce qui le rend inconftant & volage, ou
malheureux le refte de fa vie, s'il perfifte à porter
les mêmes liens.

Aux trois époques dont nous avons parlé ci-
deffus, feront annexés trois colléges, dont chacun
fera partagé en différentes claffes, compofées de
jeunes gens égaux en âge & en talens.

Moyennant

Moyennant cet équilibre de forces, on fera naître parmi la jeunesse une véritable émulation ; tandis que la maniere dont les colléges font maintenant constitués n'est propre qu'à l'éteindre. Et comment pourroit-elle subsister entre des jeunes gens si disproportionnés pour l'intelligence & la capacité? Est-ce qu'un *nain* peut lutter contre un *Atlas*, un lâche contre un *Hercule*? Aussi voit-on qu'il n'y a réellement d'émulation dans les classes ordinaires, quelques nombreuses qu'elles soient, qu'entre cinq ou six des premiers. Tout le reste languit & végete comme des esclaves qu'on fait marcher la verge à la main. En vain pour ranimer leur langueur a-t-on imaginé de distribuer des couronnes, à la clôture de chaque année, au son des tambours & au bruit des fanfares. Leurs oreilles en font frappées : mais leur ame ne ressent nullement cette émotion, mêlée de joie & de crainte, qu'inspire l'attente de la victoire; parce que jamais elle ne ceignit leurs fronts de ses lauriers. Ils les voient passer sous leurs yeux avec la plus grande indifférence & souvent (ce qui est bien pis encore) avec une forte de mépris pour eux-mêmes. Alors c'en est fait, leur ame est avilie, & ne peut plus se relever. La lâcheté, la bassesse font leur partage; ils ramperont éternellement dans la poussiere, à moins que quelqu'heureux hazard ne les en tire, ou que l'envie aux yeux creux, au teint

D

pâle & livide, ne les en faſſe ſortir. Voilà pourtant où aboutiſſent ces récompenſes ſi vantées &
ſi mal diſtribuées dans les colléges , ſavoir , à
avilir les uns, & énorgueillir les autres, qui ſe
voient à une ſi grande diſtance de leurs camarades.

Mais les prix généraux que quelques Univerſités ont établis pour exciter l'émulation entre les
divers colléges dont elles ſont compoſées, auront
peut être un meilleur ſuccès. Tant s'en faut; ils
ſont encore plus funeſtes à l'Education que les pré-
cédens, par la raiſon que chaque Profeſſeur n'en-
viſageant poùr ſes écoliers que ces récompenſes
univerſitaires, s'applique moins à ſe rendre utile au
grand nombre, qu'à en pouſſer quelques-uns de
ceux en qui il apperçoit plus de diſpoſitions, afin
de les lancer au concours. Il s'inquiete fort
peu de ce que deviennent les autres, pourvu que
ceux-ci lui faſſent honneur. Pere dénaturé il ou-
blie qu'il a pluſieurs enfans pour s'attacher à un
ſeul, qui pourtant devient rarement ce qu'il eſ-
pere. Car, que l'on ne s'y trompe point, ce ne
ſont pas toujours ceux qui promettent davantage
dans l'enfance, qui donnent le plus de fruits dans
l'âge mûr. J'en atteſte la liſte de tous ces vainqueurs éphémeres, que publie chaque année l'U-
niverſité de Paris. Combien en fournit - elle qui
ſoient comptés parmi les grands Hommes que la

France révere ? A peine ont-ils mis le pied hors
du petit théâtre de leur gloire pour entrer dans
le monde qu'ils s'éclipfent totalement ; pendant
qu'on voit fortir de l'obfcurité un grand nombre
de ceux que l'on avoit méprifé dans les écoles.
Comme ce n'eft pas ici le lieu de donner la raifon de
ce phénomène, qui d'ailleurs n'eft pas difficile à expliquer pour quiconque fait qu'un peu plus ou
moins d'aptitude à retenir des mots , & à les cou-
dre l'un au bout de l'autre, eft ce qui fait le mérite d'un écolier, j'en reviens à dire qu'il faut
placer enfemble les jeunes gens de même âge &
de forces à-peu-près égales , fi l'on veut entretenir
entr'eux une noble émulation. J'ajoute que ce fera
un des plus fûrs moyens de conferver la pureté
des Mœurs.

Car les Mœurs dépendent des idées , les idées
des fenfations. Or, la faculté de fentir étant à-
peu près la même dans les individus d'une même
claffe , il fera moins à craindre que le moral em-
piéte fur le phyfique, & que le feu de l'imagination précipite la maturité des paffions ; fans parler de ce que le vice ne trouve guere d'accès dans
une ame déjà poffédée par l'amour de la gloire ,
& toute occupée des moyens qui la font obtenir.

Quoique féparés en différentes claffes comme
nous l'avons dit, les jeunes gens ne feront point
tellement ifolés qu'ils ne puiffent aifément fe réu-

nir pour des jeux & des exercices, qui se célé-
breront sous les yeux des anciens, ainsi que pour
prendre leurs repas en commun, & à la table
des maîtres.

J'insiste particuliérement sur ce dernier article
pour plusieurs raisons. La premiere, afin que les
jeunes gens toujours surveillés apprennent à vivre
d'une maniere sobre & honnête, & non comme des
pourceaux qu'on mene à la glandée ; la seconde,
pour qu'ils soient à portée d'entendre & de profiter de la conversation des personnes graves dont
ils auront l'honneur d'être les commensaux. Enfin, pour que les Maîtres eux-mêmes toujours ex-
posés aux regards de leurs disciples ne soient point
tentés d'introduire sur les tables un luxe & une
somptuosité qui seroit totalement déplacée. Tels
furent sans doute les motifs qui firent établir à
Sparte ces repas publics, où tous les Citoyens
étoient obligés de se trouver sans aucune distinction d'âge, de fortune & de dignité. Il n'y avoit
d'exemption que pour les femmes, & c'est en
quoi nos tables différeront de celles des Lacédé-
moniens ; car je veux que ce soient elles qui en
fassent les honneurs.

Qu'on ne s'allarme point de cette nouveauté
par la crainte que ce mélange ne porte atteinte à
la pureté des mœurs. Ce qui corrompt les mœurs
est moins la société des femmes que leur exclu-

fion. En effet, fi l'on recherche dans quel pays & dans quels lieux un certain vice que la pudeur ne permet pas de nommer a pris naiſſance, on trouvera que c'eſt dans ceux où les hommes vivoient moins habituellement avec les femmes, où celles-ci n'aſſiſtoient, ni aux jeux, ni aux ſpectacles, ni aux exercices publics; on trouvera encore que c'eſt dans les camps, dans les armées, dans les colléges, le dirai-je? & dans les couvens même qu'il ſe perpétue. Car le plus grand ennemi de l'homme, c'eſt lui-même. N'étant pas deſtiné à vivre ſeul, il devient un monſtre dès qu'il veut s'iſoler : ſon cœur ſe déprave, ſon imagination s'exhalte, & mille paſſions phantaſtiques prennent la place de celles que la nature inſpire. De-là cet amour de ſoi-même, qui prenant l'ombre pour le corps, l'image pour la réalité, ſe conſume à la pourſuite d'un bonheur chimérique. Que n'eſt-il en mon pouvoir de détruire un vice auſſi infâme, qui cauſe la perte de tant de jeunes narciſſes, qui mine ſourdement les fondemens de la génération, qui appauvrit le corps, affoiblit l'eſprit, dégrade le cœur, en un mot, qui énerve toutes les puiſſances de l'ame. Mais quoi! le remede eſt entre nos mains; il ne tient qu'à nous d'en faire uſage. Que toute aggrégation particuliere, de l'un ou de l'autre ſexe ſoit détruite: que les colléges ſoient compoſés ſur le modele de la ſociété civile & domeſtique, que les femmes ainſi que les hommes deviennent conjointement les Inſtituteurs de la jeuneſſe : bientôt on verra diſparoître le mal en queſtion, & à ſa place ſuccéder la pudeur, la décence & la chaſteté. Oui, c'eſt delà, c eſt de vous, ſexe charmant, que dépend preſque en entier le ſuccès de la réforme que nous méditons. Ah ! périſſe quiconque auroit la témérité de vouloir s'y oppoſer ! Qu'il ſubiſſe le même ſort qu'Orphée, quand il poſſéderoit ſa lyre harmonieuſe, & ſa voix enchantereſſe [7] ! Si toutefois il eſt vrai que ce chantre divin ait pu mépriſer vos attraits pour courir après des phantômes.

La participation des femmes à l'Education publique ne ſervira pas ſeulement à purger les colléges des vices dont ils ſont infectés ; elles contribueront encore plus que tout autre choſe à faire goûter aux jeunes gens les leçons des maîtres, ſoit en tempérant par des manieres douces & inſinuantes, l'auſtérité des préceptes, & la gravité de ceux qui les donnent, ſoit en inſpirant aux maîtres eux-mêmes un nouveau degré de courage & d'activité pour remplir leurs fonctions. Que ne peut pas le deſir de bien faire, ſur-tout quand il eſt animé par un regard de la beauté ? Vous pourriez nous le dire, antiques & valeureux Chevaliers, ſi l'ordre ſublime que vous aviez autrefois inſtitué, ſubſiſtoit encore ; & vous illuſtres habitans de Port-Royal, combien ne dûtes vous pas aux pieuses & vertueuses meres, sous les yeux desquelles vous composiez de si beaux ouvrages? Non certes, jamais sans elles votre société, ni votre école n'eussent eu la réputation dont elles ont joui. Elles méritent donc de partager la gloire de vos travaux; puisqu'elles y ont eu une si grande part.

Pourquoi donc, dira-t-on, les femmes ont elles toujours été exclues si scrupuleusement jusqu'à cette heure, des colléges & des gymnases?

La raison en est toute simple: d'abord elles furent exclues des gymnases, parce qu'il ne convenoit pas qu'un sexe, dont la pudeur & la sensibilité forment le caractere, assistât à des jeux & à des exercices violens, où les Athlétes combattoient à nud. Si dans la suite elles le furent également de nos colléges, où pourtant il n'est question, ni de luttes, ni de combats athlétiques, c'est que des personnes vouées au célibat, par principe de Religion, y faisoient la fonction d'Instituteurs. C'est à cette même cause qu'il faut attribuer beaucoup d'autres régimes vicieux qui nous sont restés, entr'autres la séparation de la Médecine d'avec la Chirurgie. Mais aujourd'hui que les raisons sur lesquelles étoit fondée cette séparation, ne subsistent plus, que le ministre des autels est retourné à fes fonctions, que le Citoyen honnête ne dédaigne plus de s'occuper d'une fcience véritablement utile à la fociété, je ne comprends pas pourquoi l'on tient encore féparé ce que la nature demande qui foit uni. Sans doute la nature demande que la Médecine & la Chirurgie rentrent fous le même empire, fi l'on veut qu'elles faffent les progrès qu'on a droit d'en attendre ; mais elle follicite encore avec plus d'inftance, pour que les deux fexes réuniffent leurs talens & leur induftrie, en faveur de l'Education de la jeuneffe, fans quoi l'ouvrage reftera toujours imparfait, tant pour le moral que pour le phyfique.

Mais, demandera-t on, des peres & des meres de familles, tout occupés d'eux-mêmes & de leurs affaires domeftiques, pourront-ils fe livrer férieufement à un état qui requiert la plus grande exemption de foins & d'inquiétudes?

Et pourquoi ne fait on pas la même difficulté à quiconque fe trouve chargé de quelqu'emploi civil & politique? Eft-ce donc que pour être un bon Magiftrat ou un excellent Miniftre, il faut moins de liberté d'efprit que pour élever la jeuneffe? Cependant on n'exigea jamais de ceux-ci qu'ils vécuffent dans le célibat. Il fuffit qu'ils aient un courage affez grand, une ame affez élevée, un génie affez étendu pour embraffer les différens devoirs que leur impofent la nature & la fociété. Or, c'eft ce que nous fuppofons dans les Inftituteurs que nous avons choifis.

Si l'on réplique que des hommes de cette trempe peuvent également fe rencontrer parmi des célibataires; fans m'arrêter à contefter fur le fait, je me contenterai de répondre que quand cela feroit, on devroit encore, toutes chofes égales d'ailleurs, préférer un Citoyen qui tient à la Patrie par les liens les plus facrés à celui qui n'y eft attaché que par des nœuds factices & toujours faciles à diffoudre, un époux qui trouve dans une époufe chérie, une compagne capable de partager fa peine & fes travaux, à un être ifolé qui n'a pour toute reffource que des étrangers, & qui ne trouvant aucune confolation dans un état fi rempli d'épines & de difficultés, doit néceffairement chercher à s'en débarraffer le plus promptement qu'il peut pour aller fe diftraire dans le monde & la fociété. Enfin, on doit préférer un pere auquel cette qualité même infpire des fentimens que fon rival ne peut connoître.

Mais à ce mot de pere, il me femble déjà entendre demander ce que feront de leurs enfans ces époux Inftituteurs?

Vaine & chimérique inquiétude, fuggérée par l'avarice qui craint d'être obligée de nourrir en même-temps le mari, la femme & les enfans, qui ne veut voir autour d'elle que des eunuques pour efclaves, que des efclaves pour Inftituteurs, afin de n'avoir point la charge de leur poftérité. Quoi! vous demandez ce qu'ils feront de leurs enfans? Ils les étoufferont en naiffant, ils les jeteront à la voierie, & ils trouveront comme vous le fecret de les empêcher de naître. Ou fi la lefine n'a point encore étouffé totalement dans vos cœurs la fainte voix de la nature, vous leur épargnerez ces attentats, ces crimes & ces remords, en leur diftribuant une petite portion de ces biens & de ces richeffes, que vous favez fi peu ménager quand il s'agit de vos plaifirs. Mais fuppofons que vos facultés ne vous permettent pas de reconnoître un fi grand fervice, ce fera à l'Etat d'acquitter votre dette. Les moyens ne lui manqueront pas pour cela, quand il le voudra. Places, récompenfes, bénéfices, il a tout entre fes mains, il peut en difpofer à fon gré; & il le fera en faveur de ces hommes vertueux, qui, en élevant fes jeunes Guerriers, fes Pontifes & fes Juges, auront fi bien mérité de la Patrie. Il fupprimera pour doter des colléges, ces retraites de la pareffe, de la fainéantife & de la molleffe, ces retraites, où des hommes revêtus de la capuche des Benoît, des Dominique & des François, dévorent en fecret & fans fcrupule le bien de la veuve & de l'orphelin. Il fupprimera ces monftrueufes Abbayes, dont les Titulaires vont confumer les produits dans la Capitale, en étalant un luxe fcandaleux & entretenant les malheureufes victimes de l'incontinence publique. Il retranchera de la plûpart des Evêchés une bonne partie de leurs revenus, qui deftinés originairement au foulagement des pauvres, ne fervent maintenant qu'à faire traîner dans un pompeux équipage le fafte des Evêques, dont les uns, de furveillans qu'ils devroient être, font devenus autant de chiens muets, & d'autres, n'ouvrant la bouche que pour épouvanter ce troupeau, mériteroient bien mieux d'être dégradés de leurs fonctions que d'être menés en triomphe au Capitole.

Mais la Religion permet-elle? . . . . . . Quoi! La Religion? Oferoient-ils encore invoquer un nom auffi facré, eux qu'elle condamne & réprouve inceffamment, eux qui la font blafphêmer tous les jours par fes ennemis, eux qui, s'ils la croyoient véritable feroient defcendus il y a long-temps du thrône, où les a placé l'hypocrifie & l'iniquité, pour faire pénitence dans le fac & dans la cendre. Qu'ils ceffent donc enfin de nous en impofer, & qu'ils dépouillent le mafque fous lequel ils ont fu jufqu'ici fe cacher. Qu'ils difent franchement que c'eft leur patrimoine qu'ils prétendent réclamer, à l'exemple de ces Moines fainéans, qui ayant fuccédé à de laborieux folitaires, s'imaginent avoir droit de recueillir ce qu'ils n'ont pas femé. Ils le penfent ; mais ils n'ont point encore eu l'audace de le publier ; fans doute parce qu'ils appréhendent que le véritable propriétaire ne vienne leur dire : « Sortez d'ici, » gens de rapines & d'avarice, quittez un do- » maine qui ne fut jamais à vous ; faite placé » à d'autres qui valent infiniment mieux que » vous, & qui fauront faire un meilleur ufage » des biens dont je leur aurai confié l'admi- » niftration. » Car c'eft véritablement à ce titre que vous les poffédez, & comme vous ne rempliffez aucun de vos engagemens, j'ai le droit de reprendre ce qui eft à moi. Succef-feurs des apôtres, vous reffemblez parfaitement aux Prêtres de la Synagogue. Dès lors vous méritez d'être traités de la même maniere. A Dieu ne plaife que ce foit par une femblable cataf-trophe !

Mais à quoi tendent toutes ces diatribes, pour-roit dire encore quelque partifan des écoles ac-tuelles? Le plan que vous propofez n'eft point nouveau. N'exifte-t-il pas déjà dans quantité de maifons particulieres, confacrées à l'Education de la jeuneffe, où des hommes & des femmes unis par les liens du mariage exercent l'emploi que vous prétendez leur donner, fans que pourtant il en réfulte rien de meilleur que ce que nous voyons par-tout ailleurs. Car à quoi aboutissent toutes ces prétendues institutions? Sinon à faire montre d'un beau plan que personne ne suit , de beaux appartemens où les écoliers ne logent point, de jardins spacieux, où peut être ils n'entrent pas une fois l'année. Si l'on examine ensuite la conduite des deux époux Instituteurs, on voit que l'un, tout occupé à recevoir les visites du dehors & les deniers qu'on lui apporte, connoît à peine le nom de ses prétendus éleves, tandis que l'autre faisant la dame se mêle tout au plus d'ordonner la cuisine, dont les principaux morceaux doivent revenir à une table particuliere & bien servie, pour elle & pour ses amis, qui contribuent à garnir la maison de nourrissons, en prônant par-tout la bonne Education que l'on y reçoit. Tels sont, si je ne me trompe, les reproches qui ont été adressés plus d'une fois par les Universités à tous les nouveaux Instituteurs en question; & il faut avouer qu'elles n'avoient pas tout-à-fait tort. Mais ceux-ci à leur tour n'ont pas manqué de récriminer avec un égal avantage. De-là sont résultés plusieurs combats de plume , dont la chicane a été plus d'une fois le témoin & l'arbitre. Ainsi l'on vît autrefois sur les bords du Strimon, les Pygmées & leur mere convertie en grue, se faire une guerre opiniâtre; celle-ci pour récouvrer l'empire sur ses enfans révoltés, ceux-là pour fecouer le joug de leur injufte marâtre.

Mais que nous importent ces querelles, & que nous font toutes ces difputes? Elles ne touchent en aucune maniere ceux que nous avons établis pour Inftituteurs, & ne prouvent autre chofe, finon que la réforme de l'Education actuelle eft un ouvrage bien néceffaire, puifque par-tout elle fe trouve fi mauvaife & fi défectueufe. Quelle obligation notre fiecle n'auroit-il donc pas aux académies de Marfeille & de Châlons, fi par le fujet qu'elles ont propofé au concours, elles pou-voient donner lieu à cette réforme, depuis fi long-temps défirée & jamais effectuée ! C'eft en-core pour me conformer au vœu de ces acadé-mies, que je vais effayer de régler en peu de mots l'emploi des momens d'une jeuneffe fi courte & fi décifive. Puiffe ma plume ne rien tracer qui ne foit digne de mon fujet & de mes juges !

TROISIEME PARTIE.

S'il n'étoit question que de former un système d'Education pour quelque Ville ou quelque Cité particuliere, ainsi qu'il a été proposé par l'une de ces deux académies, je dirois que personne n'est plus en état de remplir cette tâche que les sages qui m'invitent à le faire ; parce qu'eux seuls sont à portée de connoître les relations, les besoins & les ressources de leurs Concitoyens. Mais pour tracer un plan de doctrine assorti à un état qui embrasse toutes sortes de professions, de rangs & de conditions, il faut considérer en grand son sujet, afin que saisissant ses rapports les plus généraux, on puisse s'y conformer. Or, ici le sujet est l'homme, & les rapports dont nous voulons parler sont ceux qui l'enchaînent à tous les êtres de l'univers. D'abord par son corps il se trouve au rang des minéraux, les végétaux & les animaux, & devient par-là soumis à toutes les loix qui leur sont propres. Il est vrai qu'en qualité de minéral, il n'a besoin d'aucune leçon pour exécuter celles qui lui sont prescrites; c'est pour lui une nécessité indispensable d'y obéir. Mais comme en même-temps il jouit de toutes les propriétés des vé-gétaux, il est à cet égard susceptible des soins qu'admet ce fecond regne de la nature. Comme eux il a befoin de fe nourrir pour réparer les pertes continuelles qu'il fait de fa propre fubftance, de fe vêtir pour fe garantir contre l'intempérie des faifons, de conferver une certaine propreté, pour écarter de fon individu tout ce qui pourroit nuire à fon économie, & en déranger la ftruc- ture. Ainfi , trois chofes font néceffaires pour l'entretien de la vie végétative, la nourriture, la propreté & le vêtement.

Quant à la nourriture, elle doit être fimple, frugale & fans apprêt. Peut-être la recherche & l'abondance des mêts produiroient-elles plus d'em- bonpoint, mais ce feroit aux dépens d'une bonne & folide conftitution. De la chair en petite quan- tité, des légumes & des racines en abondance , peu de vin dans beaucoup d'eau , voilà le ré- gime qui lui convient. Une fanté ferme & ro- bufte en fera le fruit, plufieurs vertus morales en deviendront la récompenfe. C'eft un fait at- tefté par l'hiftoire que les Peuples frugivores ont toujours été les plus doux & les plus humains de tous ceux qui habitent fur la terre. Le même ca- ractere fe retrouve chez les animaux qui fe nour- riffent de la même maniere.

Comme après la nourriture, la propreté eft ce qu'il y a de plus effentiel, on ne doit rien négliger pour l'entretenir. Je n'entrerai point dans tous

les

les détails qui concernent cette partie de l'Education physique. Tout le monde sait qu'elle consiste à tenir le corps net, la bouche propre, la tête exempte de saletés & de vermine, à changer souvent de linge, à se purifier par des bains, dont on a mal-à-propos interrompu l'usage. Mais, qui aura soin que toutes ces choses soient ponctuellement exécutées, si ce n'est une femme forte, à la vigilance & à l'activité de laquelle rien n'échappe. En vain vous chargeriez des hommes de cette fonction, jamais ils ne s'en acquitteroient aussi parfaitement. Leur esprit & leurs bras destinés pour de grands travaux ne se plient qu'avec peine à des opérations de cette espece, qui toutes minutieuses qu'elles paroissent, sont pourtant de la derniere importance, & exigent par conséquent l'attention la plus scrupuleuse. Ce qui prouve encore une fois d'une maniere convaincante, la nécessité indispensable de réunir les deux sexes, pour que l'Education soit complette.

Mais autant la recherche est permise en fait de propreté, autant elle doit être bannie des ajustemens, qui ne sont jamais plus élégans que quand ils laissent au corps toute la facilité & l'aisance de ses mouvemens. Les anciens étoient à cet égard bien plus près de la nature que nous, & c'étoit là, je pense, ce qui contribuoit à leur conserver ces belles proportions que nous admirons encore dans les ſtatues antiques. Le bon ſens qui leur avoit dicté les regles à ſuivre dans la maniere de ſe vêtir, leur avoit auſſi fait ſentir que les appartemens, ſur-tout ceux deſtinés aux exercices publics devoient être grands, ſpacieux, & conſtruits de maniere que l'air pût aiſément s'y renouveller. En effet, l'expérience démontre qu'un air reſpiré pendant quelque temps, devient mortel pour ceux qui ont le malheur de ſe trouver dans ſon enceinte. S'il ne tue pas toujours ſur le champ, du moins il empoiſonne la ſource de la vie, & la rend inſupportable par les maladies qu'il occaſionne. Il eſt donc bien imprudent d'entaſſer comme on fait dans les colléges, les jeunes gens dans des dortoirs, durant une nuit entiere, c'eſt-à-dire, pendant huit à dix heures. Je ne crois pas qu'il y ait rien au monde de plus mal ſain & de plus nuiſible à la ſanté. On s'imagine faire repoſer les enfans, & on les étouffe réelle‑ment. Auſſi voyez avec quelle peine ils ſe ré‑veillent? Ne diroit-on pas qu'ils ſortent d'une profonde léthargie, où bien qu'ils ſont aſphixiés? Quelle différence entr'eux & les animaux qui dorment en plein air? Excités par le plus léger bruit, ceux-ci s'élancent comme un éclair du lieu de leur repos, ſoit pour fondre ſur une proie qui leur échappe, ſoit pour éviter un ennemi qui les pourſuit. Penſe-t-on qu'il en fût de même, s'ils étoient raffemblés par troupeaux, dans des étables ou des bergeries? Combien de temps ne fe paſſeroit-il pas avant qu'ils euſſent repris leurs forces & leurs eſprits? Il fera facile d'éviter cet inconvénient, en mettant au large le lit des jeunes gens, ou plutôt en affignant à chacun d'eux une petite cellule pour prendre le repos de la nuit. Le moral s'en trouvera mieux en même-temps que le phyſique.

Après avoir confidéré l'homme dans fon rapport avec les végétaux, & déduit de cette comparaifon le régime qu'il doit fuivre, pour fe bien porter, fi nous le mettons en parallele avec les animaux, nous trouverons qu'il à d'autres befoins à fatisfaire, par conféquent d'autres fonctions à remplir, dont la principale à mon avis confifte dans une alternative d'action & de repos, qui, fervant d'un côté à opérer la fecrétion parfaite de différentes humeurs, à élaborer ces efprits fi prompts, à obéir aux ordres de la volonté, à donner du ton à tous les organes des fens, de l'autre à prévenir l'épuifement qui pourroit naître d'une action trop longue & trop foutenue, concourent merveilleufement à entretenir le jeu de toute la machine, dans un état d'équilibre conftant, d'où réfultent la vigueur & la fanté.

Les moyens dont on fe fert ordinairement pour procurer au corps l'exercice dont il a befoin, font les jeux & les arts, tels que la paulme, la danse, l'escrime, la course, la lutte, la natation, la musique, &c. Mais si les collèges se trouvent placés, comme nous le supposons, dans une belle campagne, où tout semble appeller les bras de l'homme, & est fait pour exciter son industrie, il ne sera pas nécessaire d'aller chercher si loin pour mettre en action la plus nombreuse jeunesse. Des fleurs à cultiver, un potager à soigner, des arbres à élaguer, ou à planter, des allées à nettoyer, & mille autres choses de cette espece à faire cu arranger, ne laisseront presque rien à desirer sur cet article. Combien ne sera-t-il pas plus agréable, & en même-temps plus utile de s'occuper à de pareils travaux, que d'être éternellement suspendus à un mur à-peu-près comme les chevaux, qu'Euméne resserré dans une étroite garnison faisoit attacher entre deux poteaux, & qu'il obligeoit de sauter en l'air, à force d'escourgées, pour leur donner de l'appétit. Et de peur qu'on ne s'imagine que des travaux champêtres sont moins propres à fortifier le corps, à le rendre souple & adroit, que tous les jeux & les exercices de la gymnastique, dont on a si fort relevé l'importance dans ces derniers temps; qu'on jette les yeux sur Rome, au temps où cette République ne connoissoit que l'agriculture & la guerre; on verra que c'étoit des campagnes & de la charrue

qu'elle tiroit ces guerriers infatigables , ces célebres dictateurs qui mirent sous le joug les fameux
vainqueurs aux jeux olympiques. Hélas ! peut-
être que les préjugés dont nous sommes imbus ;
& qui font consister la noblesse dans le privilege de ne savoir rien faire , ne permettront
pas que la jeunesse apprenne à se servir de ses
mains, & les applique à des arts utiles. Si cela est
[ce qu'à Dieu ne plaise], ce n'est pas pour mon
pays que j'écris : ce sera pour tout autre qui com-
prendra que le travail , loin d'avilir notre espece,
contribue au contraire à la rendre meilleure, &
que le plus grand fléau pour un état sont ceux qui
vivent dans l'oisiveté. Outre que ces frelons man-
gent le miel qui n'appartient qu'aux abeilles, ils
se corrompent, & corrompent en même-temps
les autres, tant par le mauvais exemple qu'ils donnent, que par les moyens de séduction qu'ils em-
ployent , pour contenter leurs caprices, & satis-
faire leurs passions.

Si, comme nous venons de le dire , le travail
& l'exercice contribuent à fortifier le corps, ils
produisent des effets tout contraires quand ils sont
pris sans relâche, & forcent bientôt la machine
humaine à tomber en défaillance ; de même qu'une
plante délicate & tendre, exposée aux rayons d'un
soleil brûlant, se flétrit, lorsque sa transpiration
insensible surpasse la quantité de suc nourricier,

fournie par les racines. En conféquence le repos eſt d'une néceſſité abſolue. C'eſt une loi à laquelle l'homme, tout ſuperbe qu'il eſt, ſe voit contraint de ſe ſoumettre comme le reſte des animaux. Or, le repos ſe prend de trois manieres, ou par la ceſſation entiere de toute action, ou en faiſant ſuccéder à un exercice violent un autre plus modéré, ou même ſeulement en variant l'objet de ſes travaux.

Ainſi donc bondir en liberté pour déployer les forces du corps, boire, manger & dormir, pour en réparer la perte, & prévenir l'épuiſement, vivre dans un air pur & ſalubre, éloigner de ſoi tout corps étranger & tout être paraſite, ſe garantir contre l'intemperie des ſaiſons, ſe maintenir dans une température douce & modérée, entretenir une tranſpiration à-peu-près toujours égale, tel ſeroit en peu de mots le ſyſtême complet de l'Education de l'homme, s'il étoit uniquement deſtiné à vivre comme les brutes, ou à végéter comme les plantes : tel fut celui des premiers peuples de l'antiquité ; accoutumés, par leur genre de vie agreſte & ſauvage, à n'enviſager dans l'homme que la force du corps, ſon adreſſe & ſon agilité, ils regardoient comme le plus haut point de perfection, auquel on pût atteindre, le mérite d'un Athléte, vainqueur de tous ſes rivaux dans les combats gymniques.

Mais quand la société eut pris un certain degré de confiſtance, ils ne tarderent pas à s'appercevoir qu'une vertu capable de faire remporter des couronnes ſur l'arene olympique, devenoit inſuffiſante pour le gouvernement des Peuples & le maintien des Etats. C'eſt pourquoi leurs idées changerent relativement à l'Education; en ſorte, que ce qui dans l'origine avoit fait ſon objet principal, n'en devint que l'acceſſoire. Alors le génie & la ſageſſe reprenant la place que leur avoit aſſigné la nature, on vit au milieu des gymnaſes s'élever les écoles du Lycée & du Portique.

En effet, l'homme étant compoſé de deux ſubſtances eſſentiellement différentes, quoique unies entr'elles par des liens très-intimes, exige néceſſairement deux ſortes de culture; l'une, pour fortifier le corps, & le rendre capable de ſupporter les plus grands travaux, nous en avons déjà parlé; l'autre, pour façonner l'ame & la rendre digne de commander à la matiere, c'eſt celle qui nous reſte maintenant à examiner. Comme elle eſt faite pour connoître & pour aimer, on la diviſe communément en deux parties, qui ſont l'intelligence & le ſentiment. Nous la conſidérons auſſi ſous ce double rapport, non pour la ſéparer réellement [elle eſt inſéparable], mais afin de mettre plus d'ordre dans ce que nous avons à dire.

Sans doute l'intelligence eſt le principe de toutes nos connoiſſances, mais comme les idées n'entrent dans l'ame que par l'intermede des ſens, l'Education la plus ſpirituelle doit commencer par l'exercice de ceux-ci. En conſéquence nous laiſſerons aux enfans la liberté de palper, de toucher, de voir & d'entendre. Or, c'eſt juſtement ce qu'on ne fait pas; car à peine ont-ils commencés à ramper ſur la terre, qu'on les enchaîne autour d'une table, & cela pour leur enſeigner ce qu'ils ſont hors d'état de comprendre; tandis qu'on leur laiſſe ignorer tant de choſes qu'ils pourroient apprendre d'eux-mêmes. A les voir ainſi garrotés, il ſemble qu'on ſoit fâché qu'ils aient des pieds & des mains, des oreilles & des yeux. Cependant ce ſont-là nos premiers Maîtres en fait d'Education. Après en avoir fait un uſage ſuffiſant, ſi l'on trouve que leur domaine ſoit borné, comme il l'eſt réellement pour chaque individu, il ſera facile de l'aggrandir, en joignant à ſon expérience particuliere celle de tous les autres hommes. Cette expérience ſe communique ordinairement par le ſecours de la parole & de l'écriture; ce qui néceſſite l'acquiſition de ces deux inſtrumens. Nulle difficulté quant au premier, puiſque l'habitude feule de vivre avec une mere fuffit pour le procurer. Je ne dirai pas tout-à-fait la même chofe de l'écriture ; je fais qu'il a fallu du temps & de la réflexion d'abord pour l'inventer, enfuite pour le porter au degré de perfection où nous le voyons. Auffi eft-ce par elle que doit commencer l'Education préceptorale.

Quand je parle d'écriture, je n'entends pas une repréfentation imparfaite & groffiere des lettres de l'alphabet, telle qu'on s'en contente ordinairement, mais une peinture faite avec toute la précifion & les graces dont l'enfance eft fufceptible. Il en doit être de même de la lecture. Il eft étonnant à quel point deux arts fi admirables font maintenant négligés dans les colléges. La plupart des jeunes gens qui en fortent, ne favent ni l'un, ni l'autre, foit qu'ils ne les aient jamais appris, ou bien que la multitude des penfums & des leçons, dont on les accable, leur ait gâté la main, & vicié l'organe de la parole. Quoi qu'il en foit, il eft bon d'y faire attention, d'autant que les défauts contractés dans l'enfance & la jeuneffe, ne fe corrigent que très-difficilement, & même prefque jamais dans l'âge mûr.

Comme le principal objet de l'écriture a été de tranfmettre à la poftérité des faits importans, la connoiffance de cet art conduit naturellement à celle de l'hiftoire ; d'où réfulte l'Education morale & raifonnée. Mais la raifon étant foible dans les enfans ; il faut la ménager , en ne mettant entre leurs mains que des livres proportionnés à la foibleffe de leur entendement. Malheureufement la chofe n'eft pas trop aifée à exécuter, vu la difette où nous fommes de bons livres élémentaires fur cette matiere. Ils font pour la plupart, ou au-deffus de la portée des enfans, ou d'une féchereffe & d'une aridité qui les rebuteroit infailliblement, fi l'on n'avoit pris le parti de les enrichir de gravures, afin de capter la bienveillance des yeux au défaut de l'efprit. On y fuppléera par des abrégés de l'Hiftoire Sainte, qui ne manquent jamais d'intéreffer , ainfi que par la fable & l'apologue, dont les langues grecque, françoife & latine nous offrent des chefs-d'œuvres , jufqu'à ce que les Philofophes & les Académies, qui travaillent fur tant de fujets inutiles, aient bien voulu s'occuper à compofer des livres vraiment élémentaires, & à l'ufage des écoliers du premier âge, fi toutefois ce n'eft pas trop exiger de leur mufe altiere & fuperbe. Mais , fuppofé que quelqu'un d'entr'eux daigne fe rabaiffer jufqu'à ce point, il devra s'attacher davantage à nous tracer les vies particulieres des Hommes illuftres, qu'à compofer des hiftoires générales , par la raifon que les jeunes gens faififfent plus aifément les objets fimples & ifolés , que les grandes maffes & les grands tableaux, où les différens perfonnages font à peine ébauchés. Qu'ils prennent pour modele Cornelius, Nepos, Valere-Maxime, & Plutarque que j'aurois déjà cité, fi je ne les réfervois pour un âge plus avancé.

A l'étude de l'Hiftoire, on joindra un peu de Géographie & de Chronologie. Ces Sciences ainfi réunies, s'éclairent mutuellement, & fe gravent plus aifément dans la mémoire.

Ce feroit peu de connoître les objets auxquels on doit appliquer les jeunes gens, fi l'on ne poffédoit en même-temps le talent de les leur faire aimer. C'eft pourquoi après avoir fait choix, comme nous venons de le dire, des morceaux d'Hiftoire les mieux affortis, à un âge encore fi tendre, on fera en forte qu'ils les defirent en piquant leur curiofité, enfuite en évitant autant qu'il fera poffible, de leur rendre l'étude pénible & ennuyeufe : ce qui n'arrivera jamais fi l'on fait entremêler adroitement les exercices du corps à ceux de l'efprit, & fi l'on a foin que le temps deftiné à l'étude foit non-feulement proportionné aux différens âges, mais encore au degré de force de chaque individu. Car la contention d'efprit influant prodigieufement fur l'économie animale, il eft certain qu'un être foible & délicat fera moins en état de la foutenir, que celui auque la

nature à départi un tempérament fort & robuſte.

Veut-on ſavoir maintenant quelle ſeroit la diſ-
cipline à ſuivre à cet égard? Je répondrai qu'en
général quatre heures d'étude par jour, bien employées & partagées en trois intervalles différens,
ſont plus que ſuffiſans pour les jeunes gens de la
premiere époque, cinq pour ceux de la ſeconde,
& ſix pour ceux de la troiſieme. D'après cela, il
ſera aiſé de diſtribuer le reſtant des heures de la
journée, dont quatre environ pour les beſoins
phyſiques, huit pour le ſommeil, & les ſix ou
huit autres, pour les jeux & les exercices, auxquels ils voudront ſe livrer. Le choix en ſera laiſſé
au libre arbitre de chacun; parce que ſi la con-
trainte doit être bannie de l'Education, c'eſt ſur-
tout en cette partie deſtinée à l'amuſement, & où
toute eſpece de gêne devient un ſurcroît de travail. La ſeule choſe qu'on pourra ſe permettre,
ſera de tâcher de leur inſpirer du goût pour ceux
qui contribuent davantage à rendre le corps robuſte, & à fortifier le tempérament. Telle eſt la
route que nous prétendons ſuivre, pour cultiver
l'eſprit & le corps de nos jeunes éleves. Mais,
notre Education ſeroit fort incomplette, ſi l'on
ne travailloit en même-temps à leur former
le cœur. Que ſeroit l'homme, ſans cette noble
partie de lui-même? Toujours flottant entre mille

& mille objets différens, il ne sauroit jamais auquel il devroit donner la préférence. Cependant s'il en est un qui soit digne de le fixer, c'est la vertu. Or comme la vertu emprunte toute sa force de la Religion, il importe de connoître quelle est celle qu'on doit embrasser. C'est un point sur lequel les sentimens sont fort partagés.

En effet, il en est qui n'admettent que la Religion naturelle & la morale qu'il leur plaît d'en tirer, prétendent que c'est la seule qu'on soit tenu d'enseigner aux jeunes gens. Encore faut-il attendre pour les en instruire, que le sentiment & la raison étant parfaitement développés en eux, les mettent à porter d'en juger.

D'autres regardant toutes les Religions comme une chose purement conventionnelle, les adoptent indifféremment, en sorte, qu'ils ne font pas plus de cas de la Chrétienne, que de la Mahométane & de la Chinoise.

Enfin, un troisieme parti envisageant la Religion comme un fruit de chaque climat, confondant d'ailleurs les vices & les vertus, & prenant les abus des gouvernemens pour leurs principes constitutifs, soutient que les loix de l'Education ne sont bonnes, qu'autant qu'elles s'y rapportent. Ainsi, comme suivant eux, la crainte est l'unique ressort du despotisme, l'honneur de la Monarchie & la vertu de la démocratie, l'Education doit tendre à inspirer l'un ou l'autre de ces sentimens. Mais qui ne voit que la distinction introduite par ces politiques, est une chimere, puisqu'il est vrai que tous les gouvernemens ne devant avoir qu'un seul & même but, qui est le bonheur général, ne peuvent avoir également qu'un seul & même principe, qui est la vertu.

Si l'on dit qu'il n'y a de vertu que dans les Républiques, sous prétexte qu'il n'y auroit de Patrie que dans ces sortes d'Etats. Je répondrai que malgré l'ascendant que peut avoir un gouvernement sur l'ame de ceux qui en dépendent, il est certain que ce n'est point la Patrie qui manque au Citoyen, mais le Citoyen qui manque à la Patrie. En effet, quiconque a des sentimens & du cœur, ne peut manquer de Patrie, & quiconque se sacrifie volontairement pour elle a de la vertu. Or, je demande s'il est au monde une société quelque corrompue qu'elle soit. où il ne se présente quelque bien à faire, & quelque sacrifice à offrir ?

En vain, objecteroit-on encore que dans un gouvernement absolu, le caprice du Maître & de ceux qui gouvernent en son nom, éteint toute énergie. Je ne croirai jamais qu'un Roi, à moins de le supposer un tyran insensé, établisse le vice sur les ruines de la vertu, ni qu'il préfére le service des scélérats à celui des honnêtes gens. Une pareille conduite est trop contraire à ses propres intérêts. Un Roi peut bien se tromper, mais il ne se manquera jamais à lui-même, à son honneur & à sa gloire, au point d'opprimer de gaieté de cœur les gens de bien, pour favoriser les méchans ; & quand par malheur la chose arriveroit ainsi, on devroit encore chercher à être du nombre des premiers. D'où je conclus qu'on peut, & qu'on doit embrasser la vertu dans quelque condition, & sous quelque gouvernement que le ciel nous ait fait naître. Mais la vertu dépendant, comme on l'a déjà dit de la morale, & celle-ci de la Religion, il s'agit de savoir si toute espece de morale, & toute sorte de Religion sont propres à la produire. C'est comme si l'on demandoit si la nature peut varier suivant les différentes opinions des hommes. Car la morale étant fondée sur des rapports essentiels, doit nécessairement en dépendre. Or, la nature de l'homme est par-tout la même, en tout temps & en tout lieu. Donc ses devoirs sont pareillement invariables. Donc il n'y a qu'une morale qui soit bonne & une Religion véritable ? Mais quelle est cette morale & cette Religion ? Les simples lumieres de la raison suffiront elles pour conduire à la connoissance de l'une, & à la pratique de l'autre ? Nouvelle question à résoudre, aussi importante que la précédente ; puisqu'il s'agit toujours de déterminer quel chemin conduit au bonheur & à la vertu.

Que la raison soit insuffisante pour arriver à ce terme, c'est un fait attesté par l'Histoire entiere du genre humain, qui, laissé à lui-même durant quatre mille ans, non-seulement n'a pu pratiquer la vertu, mais en est venu au point de méconnoître son Auteur. En vain, les Législateurs & les Philosophes chercherent à le ramener dans la droite voie, leurs efforts furent impuissans. D'ailleurs, quels succès pouvoit-on attendre de gens si peu d'accord avec eux-mêmes, qui ne pratiquoient nullement ce qu'ils commandoient aux autres? Il n'y avoit qu'une Religion émanée de la divinité même, qui fût capable d'opérer un si merveilleux changement. Quelle est cette Religion, pourra-t-on demander encore, & comment la discerner parmi tant de doctrines erronées, que les hommes ont semées, & qui toutes ont leurs sectateurs?

Pour moi sans chercher à disputer, j'ose dire qu'il n'en est aucune qui puisse soutenir le parallèle avec celle du Christ. Erreur de l'enfance, préjugé de l'Education, s'écrieront sans doute, d'une voix unanime, les partisans de la raison.

Mais qu'ils daignent m'entendre, & je n'aurai qu'un mot à leur dire pour ma justification. Comme eux élevé dans le sein du Christianisme, j'en suçai le lait dès mon enfance. O temps, que tu es encore cher à ma mémoire! Que n'est-il en mon

pouvoir

pouvoir de le rappeller! Je jouissois alors du bonheur & de la vérité, que je quittai pour courir après des phantômes. Car ayant conçu du dégoût pour une Religion, qui, peu auparavant m'avoit paru si pleine d'attraits, je voulus en chercher une autre, plus belle & plus solide; & croyant la trouver dans les livres des Philosophes, je m'attachai à eux. Je les ai lu & relu avec avidité. Mais, hélas! il faut l'avouer, j'ai été trompé dans mon attente; je comptois trouver la certitude, & je n'ai rencontré que des doutes; la lumiere, & je n'ai trouvé que des ténebres, & ces ténebres sont si palpables qu'il faut être denué d'intelligence pour ne les pas sentir. Oui, j'ai honte de moi-même quand je pense que j'ai donné dans presque tous leurs systêmes. Graces à Dieu, j'en suis délivré, & les ai totalement abandonné pour recourir à mon Evangile, persuadé que c'est-là seulement que se trouve la voie, la vérité & la vie. Mais, si je suis revenu de mes égaremens, ce n'a point été sans essuyer de violens combats. Ma raison, de concert avec mes desirs, ne me permettoit pas de croire que le Christianisme fût une institution vraiment divine. Je prenois le Christ par parcelles, je le déchirois, & le mettant en pieces, je ne voyois en lui rien de grand, ni de beau. *Videbam eum despectum ac novissimum virorum, virum dolorum ac scientem infirmitatem.*

F

undè nec reputabam eum. Mais, lorſque dans le calme des paſſions j'eus examiné la pureté de ſa morale, la ſublimité de ſa doctrine, la ſainteté de ſa vie; lorſqu'enſuite confrontant les livres ſaints, j'eus remarqué qu'il n'étoit point venu comme un ſimple particulier, qu'il étoit prédit & attendu; que ſon œuvre qui devoit avoir de ſi grandes ſuites n'étoit point l'œuvre d'un jour, ni d'une année, mais que cette œuvre avoit été préparée pendant une multitude de ſiecles; de plus que l'univers & les ſiecles n'ont exiſté que pour l'enfanter, que l'univers & les ſiecles n'exiſtent que pour l'élever à la perfection, lors dis-je, que ce plan, cet enſemble, cet enchaînement de choſes & de faits ſe furent préſentés à mon eſprit, je ne pus réſiſter à une ſi grande maſſe de lumieres. Ainſi, quelqu'effort que j'aie fait pour être incrédule, il ne m'a pas été poſſible de l'être de bonne-foi. Qu'ils me pardonnent donc cette foibleſſe, ſi c'en eſt une. Si je ſuis dans l'erreur, ce n'eſt point par ma faute. Le filet a été ſi bien tendu que je n'ai pu y échapper. Ah! puiſſent ils ſe laiſſer prendre au même appât! C'eſt le ſeul & unique vœu de mon cœur. Telle eſt, je le confeſſe, ma façon de penſer, & telle eſt en même-temps celle que je voudrois inſpirer à ceux de qui j'aurois l'honneur d'être l'Inſtituteur. Mais quand convient-il de […]? Faudra-t-il attendre pour cela la maturité […] quele beſoin s'en faſſe ſentir?

Sans doute le grand art d'un Educateur feroit
d'épier cet inftant, s'il étoit toujours loifible de
l'attendre, c'eft-à-dire, fi les jeunesgens fe trouvoient
toujours dans la difpofition favorable de vous écou-
ter; fi les paffions & la pareffe ne l'emportoient
jamais fur leurs propres intérêts. Mais malheureufement rien de tout cela ne fe rencontre maintenant. L'âge d'or pour l'homme eft paffé, & le
temps de la récolte n'eft pas celui du labourage,
il faut défricher une terre ingrate, & fémer d'a-
vance, quand on veut remplir fes greniers au
temps de la moiffon. De même, fi l'on veut que
les jeunes gens pratiquent les leçons de la
morale & connoiffent leur Religion, il faut
de bonne heure en verfer les précieufes femences
dans leur efprit & dans leur cœur. On fe gardera
toutefois de les ennuyer de la premiere, & de
leur faire envifager la feconde comme un fujet
de terreur : autrement on rifqueroit de n'en faire
pour la fuite que des lâches & des fuperftitieux,
ou bien des incrédules & des athées. Qu'on cherche plutôt à la leur faire aimer, en la peignant à
leurs yeux, parée de tous les attraits de la volupté,
& comme étant la fource du vrai bonheur. On
réfervera pour l'âge des paffions, à leur parler
de fes jugemens féveres & de fes arrêts terribles.
C'eft alors qu'il fera temps de leur montrer au-
deffus de leurs têtes indociles, un jufte & redou-

table Juge; c'eſt alors qu'il ſera néceſſaire de les faire deſcendre dans le ſombre & noir Tartare, afin qu'ils y contemplent de leurs yeux les ſupplices réſervés aux méchans & aux impies. Mais qu'on leur permette de jouir, en attendant, d'un air pur & ſerein, en planant au-deſſus de la voûte azurée, ou bien en ſe promenant dans les boſquets charmans du jardin *d'Eden*, ſéjour de l'innocence & de la paix. Qu'on uſe de même à leur égard de la plus grande ſobriété, pour toutes les pratiques de dévotion, qui, trop ſouvent répétées deviennent faſtidieuſes, ou tout au plus une affaire d'étiquette & d'habitude, à laquelle l'eſprit & le cœur ne prennent aucune part. On évitera par la même raiſon d'entaſſer dans la tête des enfans, plus de choſes qu'elles n'en peuvent contenir : défaut aſſez ordinaire aux meres, qui, toujours preſſées de jouir, voudroient faire des hommes de leurs enfans au berceau. Mais que réſulte-t-il de cette précipitation ? Que l'on ne forme que des pantins, ou que l'on eſt réduit à gémir comme l'avare qui éventre ſa poule, afin de poſſéder plus promptement l'objet de ſa cupidité. Lorſqu'on veut contraindre la nature à exécuter au-delà de ſes forces, on s'en trouve preſque toujours puni par la perte, ou la ſtérilité à laquelle ſont condamnés ces petits phénomènes de l'enfance. Il ſera bien plus ſage d'imiter la conduite de l'agriculteur habile, qui, par une coupe adroite & favante retarde ceux de fes arbres, qui, trop hatifs à produire, s'épuiferoient avant que leur tige ait acquis affez de force & de confiflance pour réfifter aux efforts de la fécondité. S'il fe trouve au contraire des fujets tardifs , comme ce font ordinairement les plus forts & les plus robuftes, on tâchera de les avancer, en les excitant au travail par des récompenfes ; & fuppofé que cette voie ne réuffiffe pas, la feule qui refte à prendre n'eft pas de les harceler par des punitions conti-nuelles, on ne feroit que les abrutir, mais plutôt d'attendre avec patience le temps qui amene tout à maturité. Lorfque ce moment fera venu, on verra fouvent fon attente récompenfée par des fruits plus abondans & plus exquis, que ceux qui partent de fujets précoces. C'eft ce que confirme une expérience journaliere, & ce que nous verrons plus d'une fois arriver durant le cours de cette Education. Tel qui n'aura fait que des progrès fort lents, pendant la durée de la premiere épo-que, pourra en faire de très-rapides dans le cou-rant de la feconde, que nous allons maintenant nous occuper à tracer. Mais avant de l'entrepren-dre, il eft bon d'examiner les fujets qui doivent entrer dans cette nouvelle carriere. Car bien que tous foient parvenus à l'âge requis, & poffédent les arts néceffaires pour y entrer, il ne s'enfuit pas pour cela que tous foient deftinés à la parcourir d'un pas égal; parce que tous n'ont pas reçu de la nature les mêmes talens, ni les mêmes difpofitions. Ainfi l'on claffera les jeunes gens qui appartiendront à cette feconde époque, comme on a fait ceux de la premiere, en plaçant enfemble les fujets qui paroîtront avoir plus ou moins de capacité. On doit penfer que ce plus ou ce moins eft relatif, puifque fouvent celui qui a peu d'aptitude pour certaines chofes, en a davantage pour d'autres. Auffi je ne crois pas qu'il y ait un homme au monde dont on ne puiffe tirer parti, en le mettant à la place qui lui convient, & le conduifant fuivant que l'exige la nature, qui certainement n'eft pas la même dans les différens individus.

Témoin l'un des plus grands Héros dont la France fe glorifie, & à qui elle dut fon falut dans les circonftances les plus critiques. Quel fujet n'eût-elle pas perdu dans la perfonne de Dugueſclin, fi, pour être Général d'Armée & Connétable, il avoit fallu, je ne dirai pas avoir appris le grec & le latin, mais feulement favoir lire & écrire?

Qu'on juge par là de la mal-adreffe de ceux qui prétendent élever les jeunes gens de la même maniere, en les condamnant à fuivre une même routine. N'eft-ce pas reffembler à un cordonnier qui prétendroit chauffer tout le monde fur la même mefure. Les hommes diffèrent autant par l'efprit que par le corps, & s'il eft rare d'en trouver un couple parfaitement femblable, par la taille & les traits du vifage, il l'eft encore bien davantage d'en rencontrer deux abfolument égaux, en efprit & en talens. Ce fera donc fe conformer véritablement aux vues de la nature, que d'établir différentes claffes pour cette feconde époque, comme pour la premiere.

Nous avons vu que l'objet de la premiere époque étoit la lecture, l'écriture, l'hiftoire, l'apologue, avec un peu de géographie ; la fuivante fera confacrée particuliérement à l'étude des langues. Mais afin d'éviter le reproche, qui n'eft que trop fondé, d'avoir appris des langues étrangeres, tandis que l'on ignore celle de fon propre pays, on commencera par celle-ci. Il pourra même arriver que plufieurs foient bornés à cette feule langue. L'on ne permettra de paffer à d'autres, qu'à ceux qui joindront à beaucoup d'ardeur pour le travail, une grande & heureufe mémoire ; par la raifon que cette faculté de l'ame eft effentielle pour une fcience, qui confifte plus dans les mots que dans les idées. Quiconque aura moins de part à ce don de la nature, reftera dans les écoles Françaifes, pour y achever fes humanités, jufqu'à ce qu'il foit jugé digne d'entrer en Philofophie, où fe réuniront pour lors les écoliers de toute espece, les François, les Grecs & les Latins; parce qu'on n'y parlera plus qu'une seule & même langue, comme avant la tour de Babel, bien entendu que cette langue sera la nationale. N'est-ce pas assez que des jeunes gens travaillent à combiner des idées, sans vouloir les occuper encore à chercher des paroles qui se présentent toujours si difficilement, quand on parle un langage étranger.

Mais que diront sur cet article les Docteurs en Droit, en Médecine, & en Théologie, qui tous sont dans l'usage de ne parler jamais qu'en latin dans leurs Theses & leurs Cahiers? Ils se réformeront sur cela, ainsi que sur beaucoup d'autres choses, s'ils le jugent à propos; où s'ils persistent opiniâtrement à garder leur vieille routine, ils n'empêcheront personne de croire que d'enseigner la Religion à un Peuple, dans une langue qu'il n'entend pas, de dicter des loix à une Nation, dans un idiome étranger, de faire des ordonnances inintelligibles pour les malades, ne soit pas le comble de l'absurdité. Tel est en abrégé le Plan de la seconde époque. Disons maintenant quelque chose de son exécution.

D'abord pour ce qui regarde la langue Françoise, on apprendra à décliner & à conjuguer, après quoi l'on passera à la lecture des meilleurs Auteurs, dont

on fera la diſſection, conformément aux regles de
la grammaire. Je voudrois en avoir à citer ici
quelqu'une, qui pût ſervir de guide en cette matiere. Mais, juſqu'à ce jour, on n'en a compoſé
aucune, que je ſache, qui ſoit véritablement digne
de porter ce nom, elles ont toutes le défaut
d'être trop longues, ou trop courtes, trop diffu-
ſes, ou trop métaphyſiques, tandis que rien n'eſt
ſi ſimple que les langues. Comme le vocabu-
laire n'a pas été mieux traité que la grammaire,
doit-on s'étonner après cela que les langues ſoient
ſi difficiles à apprendre ? Il faut eſpérer que quelque jour il ſe trouvera un homme de génie, qui
voudra bien ſe donner la peine de faciliter cette
étude à la jeuneſſe. Si j'invoque ici un homme
de génie, qu'on ne s'imagine pas que ce ſoit
adreſſer des vœux à Hercule pour exterminer un
moucheron, il n'en faut pas moins pour compo-
ſer un bon livre élémentaire, que pour faire quelque grande découverte dans les Arts & dans les
Sciences. Auſſi la raiſon pour laquelle nous en
avons été privés juſqu'à préſent, vient-elle de ce
que cet ouvrage mal-à-propos dédaigné par les
Philoſophes, n'a été exécuté que par de minces
rapſodiſtes, qui ne ſavent que ſe copier les uns
les autres.

En même-temps qu'on enſeignera aux jeunes
gens leur langue par principes, on aura ſoin de

cultiver leur mémoire, en leur faisant apprendre par cœur, non d'insipides & ennuyeuses méthodes, mais les plus beaux morceaux tirés des Orateurs, & sur-tout des Poëtes, qu'ils aiment de préférence, & retiennent avec beaucoup plus de facilité, sans doute à cause de la mesure & de la cadence. Je ne m'arrêterai point ici à faire l'énumération de ceux dont il est à propos de faire usage; ils sont connus de tout le monde.

Ce que l'on vient de dire touchant la langue Françoise, doit s'appliquer également à toutes les autres; en observant seulement de commencer par traduire la langue étrangere, dans son propre idiôme, & non comme l'on fait dans les colléges, l'idiôme national dans la langue étrangere. Quand les jeunes gens seront un peu familiarisés avec cette derniere, pour n'être pas continuellement obligés de battre le dictionnaire, alors ils prendront la route inverse. On doit s'attendre d'abord à les voir faire beaucoup de fautes, parce que tout dépend de l'habitude; mais ils ne tarderont pas à se corriger, & à se former en peu de temps un langage d'autant plus pur que leurs oreilles n'en auront point entendu d'autre. Quand la raison & le bon sens ne démontreroient pas l'avantage de cette méthode. L'expérience qui en a été faite sur quantité de sujets & toujours avec succès, suffiroit pour la faire embrasser.

Pourquoi donc la méthode contraire a-t-elle prévalu, & pourquoi ne l'abandonne-t-on pas ? C'est que la plupart des hommes n'agissent que par habitude, & quand un sentier se trouve battu, le reste s'y précipite sans examen.

Après l'étude des langues, qu'on appelle les Humanités, suit ordinairement dans les colléges la Rhétorique, pour moi je la crois infiniment mieux placée après la Philosophie. En effet, cet art n'étant autre que celui d'orner la raison, n'est-il pas naturel d'apprendre à penser & à raisonner, avant de vouloir revêtir ses pensées & ses raisonnemens, de figures propres à persuader. Suivre un ordre différent, c'est imiter un Peintre qui apprendroit à colorer des portraits avant d'avoir montré le dessein, ou un Architecte qui s'occuperoit des ornemens d'une maison dont il n'auroit point encore jeté les fondemens. Les anciens ne s'y méprenoient point. Ils savoient parfaitement qu'avant de former un Orateur, il falloit penser à faire un Philosophe. C'est ce qu'attestent les plus grands Maîtres en ce genre. Demosthène & Cicéron, lorsqu'ils se vantent que tous leurs succès, dans la carriere de l'éloquence, étoient dûs à l'étude particuliere qu'ils avoient faite de la Philosophie, étude à laquelle ils revenoient sans cesse, sitôt que le tourbillon des affaires politiques & civiles leur laissoit un moment de relâche. C'eſt à cet heureux retour que nous ſommes redevables des plus beaux chefs-d'œuvres de l'antiquité, que l'Orateur Romain compoſa dans ſa retraite à Tuſcule, & dont il éclaire encore le genre humain, après avoir ceſſé de tonner dans la tribune, contre les attentats de Catilina, & les vices de Marc Antoine.

Cependant on étudiera d'une maniere ſuivie les révolutions qui ſe ſont opérées ſur la ſurface du globe ; & afin de mettre plus d'ordre dans cette matiere, on les conſidérera ſous trois époques différentes, dont la premiere, preſque totalement privée de monumens, ſera livrée en grande partie à l'incertitude des conjectures, ſuite inévitable, & preuve en même-temps non équivoque de l'origine encore récente du genre humain. Car ſe pourroit-il que l'homme durant des milliers de ſiecles ſe fût oublié au point d'omettre d'écrire ſa propre hiſtoire, lui que le deſir de ſe ſurvivre emporte ſi ſouvent au-delà des bornes du vrai, comme il eſt arrivé à la plupart des peuples, qui, quoique nouveaux, vouloient paſſer pour anciens, & comme font encore aujourd'hui certains particuliers, qui, nouvellement ennoblis, prétendent deſcendre des plus anciennes maiſons.

La ſeconde époque moins dépourvue de faits à la vérité que la précédente, nous les repréſente d'une maniere ſi énigmatique, que faute de les

entendre, la plupart les traitent de fables ab-
surdes.

Mais arrêtons-nous un peu, & ne soyons pas
si précipités dans nos jugemens. Croyons que nos
semblables n'étoient pas plus imbéciles autrefois
qu'ils ne sont aujourd'hui. Ils ne faisoient rien
sans raison, & qui ne dût servir pour leur instruc-
tion, comme pour celle de la postérité. Je ne
pense même pas qu'ils se soient jamais abaissé,
comme a fait un Académicien de notre temps, à
composer des Contes de Peau d'âne, de Cendril-
lon, du petit Pousset, & de la Barbe bleue. Si
quelquefois ils nous paroissent sommeiller en cette
partie, c'est que plus frappés des grands phénomènes de la nature, que de leur propre histoire,
qu'ils ignoroient encore, ils nous les ont transmis sous des figures emblématiques, en donnant
une ame à toutes les parties de l'univers. C'est
pourquoi le soleil est tantôt pour eux un cocher,
qui monté sur un char, rayonnant de lumiere,
parcourt les douze signes du Zodiaque, ayant
pour cortége, les jours, les mois & les années.
Tantôt un Apollon qui détruit à coups de fleches
le serpent Python, ou qui blessé lui-même par
les fleches de l'amour, court après la belle Daphné.
Une autre fois sous le nom de Jupiter, ou de
Pere du jour, il poursuit la Nimphe *Io*, qu'il
change en vache, pour la soustraire au ressenti-

ment de Junon. Est-il question de représenter une longue sécheresse, qui brûle & consume toute l'herbe des champs, & se termine enfin par quelque grand orage, accompagné d'éclairs, de tonnerre & de pluie? On voit le jeune Phaéton, qui ayant surpris les renes du char de son pere, l'a conduit trop près de la terre que ses feux auroient embrasé, si Jupiter saisissant sa foudre ne l'eût précipité dans l'Eridan, sur les bords duquel ses sœurs les Nayades, à force de pleurer sur son tombeau, sont changées en peupliers. S'agit-il de peindre le Temps? Ils nous le représentent sous l'emblême d'un moissonneur qui fait tomber toutes choses sous les coups de sa faulx meurtriere, qui dévore jusqu'à ses propres enfans. L'Air devient pour eux l'épouse de Jupiter, & le vieil Océan, mari de Thétis, donne naissance à tous les Dieux dont se trouve peuplé le ciel étoilé. Mais l'homme que devient-il à son tour? S'il défriche une terre couverte de ronces & d'épines, s'il desséche les étangs & les marais, s'il dirige le cours des fleuves, s'il apprend à ses semblables à tirer de l'agriculture une nourriture plus saine & plus abondante, s'il rétablit parmi eux la paix & la tranquillité, il accomplit sous le nom de fils de Jupiter & d'Alcméne les douze travaux si célebres, il terrasse les monstres, défait les géans, lutte contre le fleuve Acheloüs, qui veut lui enlever sa maîtresse, brise l'une de fes cornes, qui devient le fymbole de l'abondance. Ofe-t il enfuite prendre fon effor vers la voûte célefte, en contempler les aftres, les fuivre dans leurs cours , foumettre leurs mouvemens à fon hardi calcul? Pour lors c'eft le petit fils d'Atlas, qui avec un caducée à la main & des ailes aux talons , parcourt le ciel & la terre. Ou bien lie-t-il par le commerce les différentes parties du globe que nous habitons? Vous voyez le galant Mercure, amoureux de la belle *Herfe* [8], dont il vient à bout d'obtenir les faveurs, malgré la jaloufe réfiftance de fa fœur *Aglaure*. Et que ne fait il pas? Il eft le Dieu de l'éloquence , de la mufique, le meffager des Dieux, l'entremetteur de Jupiter dans tous les larcins qu'il lui plait de commettre ici bas. Veulent ils nous peindre l'homme comme une race dure & méchante? Des pierres fémées par *Deucalion* & *Pirrha*, ou des dents de ferpent vont lui donner naiffance. Comme un génie fublime & prévoyant? Prométhée a dérobé le feu du ciel pour lui former une ame: Tous les êtres animés & inanimés font mis à contribution pour compofer le fond du fien, tandis que lui-même eft depecé pour former l'inftinct & les propriétés de tous les autres. Delà les métamorphofes de Lycaon en loup, d'Actéon en cerf, d'Arahené en araignée, de Narciffe en fleur , d'Echo en un

corps privé de sang, qui n'a de réel que le son
& la voix. Delà sont issus ces esprits vivifians,
qui animent toute la nature, delà les fontaines &
les rivieres ont eu leurs Nayades, les plantes &
les bois leurs Hamadriades, les montagnes leurs
Oréades ; delà les passions qui maîtrisent les hommes, & les tiennent assujettis à leur empire, ont
été représentées comme des divinités bonnes ou
mauvaises, selon qu'elles procurent son bonheur
ou son malheur. Une beauté piquante, par exemple, honnête & décente, qui fait naître des desirs, sera Vénus, accompagnée de trois Graces in-
génues, & de son fils Cupidon, portant un car-
quois & des fleches ; la Peur, un phantôme privé
de sang & glacé d'effroy ; la Fureur, un Dieu
cruel, qui ne respire que les combats & le car-
nage ; l'Envie, un monstre hideux, qui ne vit que
de serpens, & se déchire les entrailles de ses propres mains ; l'Industrie la déesse des Sciences &
des Beaux Arts. Mais comme il y en a de deux
sortes, l'une qui protége, & l'autre qui produit,
celle-ci sera *Minerve*, & la premiere, la guerriere *Pallas*. Enfin, il n'y eut dans l'homme, ni
passion, ni sentimens, aucune qualité physique
ou morale qui ne fût personifiée, puisqu'il est
vrai que jusqu'à ses contrariétés mêmes, ont été
figurées dans la personne de Medée, qui veut le
bien, & qui fait le mal, qui après un long &
violent

violent combat contre elle-même, succombe
enfin, entraînée par un penchant irréfiſtible. Et
qu'eſt-ce qu'Orphée? ſinon un ſage, qui deſcend
au plus profond des enfers, pour en retirer la
Juſtice, que la brutale férocité des Peuples, & les
lâches pourſuites des Grands, figurés par Ariſtée,
avoient bannie de deſſus la terre [9]! Qu'ont-ils
voulu nous peindre encore par la ſuperbe allé-
gorie de Promethée & de ſon frere Epimethe,
l'un refuſant le mariage de la riche Pandore,
avec ſa fatale Boéte, & l'autre l'acceptant ſans
difficulté; celui ci tranquille dàns ſon malheur,
celui-là ſans ceſſe déchiré par un cruel vautour?
Que ſignifie cet emblême, ſi ce n'eſt l'aveugle
paſſion de l'homme, jointe à la prévoyance, laquelle paie pour ſon imbécile compagne. Mais
en voilà trop pour montrer de quelle maniere
les premiers Ecrivains, qui d'abord n'ont été que
des Poëtes, ſavoient peindre les grands objets de la
nature, dont ils étoient frappés. Lors même que
dans la ſuite ils eurent à repréſenter quelqu'événement important, ou quelque trait hiſtorique,
ils ne manquerent pas de le revêtir de ces bril-
lantes couleurs. Delà les fictions ingénieuſes dont
Homere a ſemé ſon Iliade & ſon Odyſſée. Delà
les Contes des Fées, annexés à l'hiſtoire de nos
preux Chevaliers. Que dis-je? l'Ecriture ſainte elle-
même n'eſt-elle pas remplie de ces riantes images?

G

Telle fut, sans doute aussi la source de l'Ecriture hyéroglyfique, dont le génie consiste proprement à parler aux yeux, en retraçant véritablement les images des objets, pour en faire des tableaux. Elle dut précéder l'alphabétique, qui, devenue en usage, a contribué singuliérement à refroidir l'imagination; parce qu'elle n'a pas besoin, comme la premiere, de peindre ses idées pour les faire passer à d'au-tres. On fera sentir aux jeunes gens cette diffé-rence, en leur expliquant toutes les énigmes qui font le sujet de la Mythologie, si l'on ne veut qu'ils deviennent la proie du Sphynx. Car de quoi serviroit de leur remplir la tête de toutes ces fa-bles anciennes, s'ils n'en recevoient la véritable intelligence ?

Mais ce ne seroit point la leur donner, que d'attribuer tout à l'histoire, comme a fait l'abbé Banier, ou à la Métaphysique, comme l'abbé Batteux; aux figures hyéroglyphiques des Egyp-tiens, comme M. Pluche, à l'Astronomie & à l'Agriculture, comme depuis peu M. Court de Gébelin, ou bien à la timide crédulité des peu-ples, & au despotisme, comme Boullanger. On tâchera de rapporter à chacune de ces causes ce qui lui appartient, sans s'assujettir à quelque sys-tême particulier; parce qu'il est à croire que les anciens n'en suivirent aucun sur cet ar-ticle.

Après avoir parcouru cette seconde époque de l'histoire, on passera à la troisieme, qui, dégagée totalement des ornemens pompeux de la Mythologie, se présente sous ses traits naturels, avec un air simple & négligé. Alors cessent tous les prestiges enchanteurs, les prodiges & les miracles, qui semblent confondre toutes les parties de la nature, en mêlant le sacré & le profane, le ciel & la terre, les hommes & les dieux ; alors l'imagination exaltée du Poëte, fait place à la froide & tranquille raison de l'Historien, qui, n'offrant plus que des vérités nues, fera peut-être regretter à la plupart des jeunes gens, d'avoir changé de Maîtres, & d'être tirés de la douce illusion, où ceux-ci les avoient plongés, par leurs charmantes fictions.

En effet, l'homme étant destiné à vivre en commerce avec le ciel, ne cesse de gémir de se voir renfermé dans la prison du corps, & tend par tous ses desirs à rompre les liens qui l'enchaînent à la terre. Delà le goût étonnant qu'il a pour le merveilleux, goût qui ne se perd jamais, qui se rencontre chez tous les peuples, tant ceux qui habitent dans les Villes & les Cités, que les malheureux qui errent dans les bois & les déserts, qui vivent dans les régions brûlantes de la Zone Torride, comme dans les climats glacés du Septentrion. Cependant il est nécessaire de le détromper fur cet objet, en lui faifant connoître que le temps n'eft plus, où l'homme commerçoit familiérement avec les puiffances céleftes, & de quelle maniere il a perdu ce beau privilege, cet ineftimable don. Or rien de plus capable de l'éclairer fur ce point important, que le Livre qui renferme la feule & véritable hiftoire du genre humain, dès fon origine, & par conféquent toute la fuite de la Religion, qui comme une chaîne infinie commence dans le jardin *d'Eden*, fe prolonge fur le mont *Horeb*, paffe par le *Thabor*, & delà vient jufqu'à notre *temps*, pour aller enfuite fe perdre dans l'efpace immenfe de *l'éternité*. Qu'il eft utile de faire connoître aux jeunes gens ce plan, cet enfemble, cet enchaînement de chofes & de faits, qui font liés les uns aux autres de la maniere la plus ferme & la plus folide, & dont un feul ne pourroit être détaché, fans que tout le refte tombât en ruine. C'eft ce grand & magnifique tableau, que préfente d'une maniere fi fublime l'illuftre Evêque de Meaux dans fon Difcours fur l'Hiftoire Univerfelle, & qu'a développé dans un plus grand détail le vertueux Abbé de Mefengui dans celle qu'il a écrite fur l'ancien Teftament. Je placerois à la fuite l'Hiftoire Eccléfiaftique de l'Abbé Racine, fi dans ce fiecle orgueilleux & vain l'on s'intéreffoit affez aux affaires de la Religion. Mais ce qu'on ne peut paſſer ſous ſilence , c'eſt l'Hiſtoire ancienne du bon Rollin, celle de la République Romaine, par Laurent Echard, les Hiſtoires de France, d'Angleterre, l'une par l'Abbé Vely, & l'autre par Rapin Thoiras ; enfin, les Vies & les Mémoires des grands Hommes en tout genre, que chacun ſe propoſera pour modele, ſuivant ſon goût & ſa diſpoſition, en ſe ſouvenant pourtant, & ne perdant jamais de vue qu'il faut que tout ſoit rapporté à la Religion, ſans laquelle on retireroit bien peu de fruits de ces diverſes lectures. En effet, que ſerviroit à l'homme d'avoir paſſé en revue, & entaſſé dans ſa mémoire tous les faits, les événemens, & les révolutions qui ſont arrivés ſur la ſurface du globe, avec la date des temps, & la poſition des lieux où chaque choſe s'eſt opérée, s'il n'en faiſoit une ſolide application à lui-même. Ce ſeroit imiter celui, qui, entrant dans un riche palais, où tout ſeroit à ſa diſpoſition, ſe contenteroit d'examiner chaque choſe en détail, & ſortiroit les mains vuides. La même réflexion s'applique aux autres Sciences qui lui reſtent à acquérir. Car comme habitant d'une planete deſtinée à faire ſa demeure au moins pour quelque inſtans, il ne peut ſe diſpenſer de jeter un coup d'œil ſur les arbres & les plantes, qui ornent ſi magnifiquement ſon ſéjour, ſur les animaux qui bondiſſent avec tant de grace dans

les plaines & les bois, sur les minéraux ren-
fermés dans les entrailles de la terre, & dont
nous tirons des secours si multipliés; trois parties
qui forment le sujet de l'Histoire Naturelle,
qu'on lira avec le plus grand plaisir dans les ouvrages de MM. de Reaumur & Buffon, en se
défiant pourtant des systèmes de ce dernier, qui
ne sont rien moins que démontrés.

On ne séparera point l'étude de ces trois regnes.
Leur ensemble & leur union deviendront une
source féconde de lumiere, qui, en se refléchissant
jetera un éclat merveilleux sur chacune des parties, qui composent le spectacle de la nature.

En effet, comme dit fort bien M. de Saint
Pierre, qu'est-ce qu'un animal sans la connoissance de ses mœurs, de ses usages, sans celle
du terrein qui le porte, des bois, des prairies,
de la plaine où il bondit, de la plante qui le nour-
rit. De même, qu'est-ce qu'un végétal séparé du
site, du sol qui le produit, de l'élément où il vit,
du ciel où il étend ses branches & ses rameaux?
Tant il est vrai qu'il n'y a que l'accord & le
concert de toutes choses qui soient véritablement
instructifs. De plus, considérant avec M. Pluche,
que tout être ici bas, tend à une fin particuliere
& générale, par des moyens toujours proportionnés
à sa nature, on ne doit pas négliger de distinguer
les loix finales des différens corps, d'avec celles

qui leur donnent la naissance, l'accroissement &
la perfection. Si les unes nous ravissent en admi-
ration, en manifestant la sagesse de leur auteur,
les autres seront propres à nous faire sentir la
main libérale qui comble tous les êtres, & prin-
cipalement l'homme, de ses bienfaits.

Mais comme ce qui nous est transmis par le
rapport d'autrui, fait sur nous beaucoup moins
d'impression, que les choses que nous voyons,
sentons & touchons, on ne se contentera pas
de faire étudier aux jeunes gens la nature dans
les livres. Ils iront eux-mêmes l'interroger, pour
tâcher de la surprendre dans ses opérations. Ils
la suivront jusque dans les atteliers des Artistes,
qui, l'ayant tirée de l'obscurité où elle se cache,
la façonnent & la travaillent pour la faire servir
à nos besoins. Ils ne jugeront pas du prix des
choses sur l'estime du vulgaire ; la boutique d'un
potier, d'un faïencier, deviendra pour eux un
spectacle aussi intéressant que l'armoire d'un or-
fevre & d'un joailler. L'épicier, le droguiste, le
pharmacien, mériteront également d'attirer leurs
regards.

Qu'on ne s'étonne point de me voir placer ici
ce dernier. Il m'a toujours paru fort étrange que
l'animal connoisse ce qui est nécessaire à sa con-
servation, tandis que l'homme qui se vante d'a-
voir seul la raison en partage, est nourri le plus

fouvent dans l'ignorance de ce qui fert à le guérir. O aveuglement déplorable! Ce n'étoit pas
ainfi que le Centaure Chiron, élevoit fon grand
& illuftre nourriffon. Non content de lui apprendre à tirer de l'arc, il fe faifoit encore un devoir
de lui communiquer la fcience qu'il tenoit d'Ef-
culape.

Mais ceci appartient à la chimie, & la chimie
à la philofophie dans laquelle nous allons entrer:
ce qui m'avertit que nous fommes maintenant
parvenus à la troifieme époque de l'Education,
c'eft-à-dire, à l'âge où fe fait le plus grand ac-
croiffement de la vie morale & phyfique. Alors
fe forme pour la jeuneffe, un nouvel ordre de
chofes, l'efprit fe développe, la raifon fe forti-
fie, le fentiment acquiert de la force & de l'é-
nergie. D'un autre côté le fang bouillant dans
les veines, communique aux paffions déjà nées
une activité dévorante, pendant qu'il en fait
éclore de nouvelles plus fougueufes mille fois
que les premieres. Comme la raifon qui les accompagne eft deftinée à les gouverner, il faut
qu'elle apprenne à les connoître, ainfi qu'à fe
connoître elle - même, afin qu'ayant mefuré la
puiffance & la réfiftance, elle fache du moins quels
font fes ennemis, & quels moyens elle poffede,
pour les réduire fous fon empire. Tel eft le véritable but de la philofophie.

Si le sujet est important, la recherche est aussi des plus difficiles ; parce que l'homme n'étant point un être simple & isolé, a des rapports, & ces rapports s'étendent à tout ce qui existe dans la nature. C'est donc la nature entiere qu'il s'agit d'étudier.

La carriere est vaste, sans doute, & capable d'effrayer le génie le plus hardi. Aussi ne doit-on y entrer qu'après s'y être suffisamment préparé: à l'exemple des navigateurs, qui, ayant une longue étendue de mers à parcourir, ne manquent pas de se munir de toutes sortes d'instrumens, de cartes, de compas & de boussoles, pour se guider au milieu des dangers, & des écueils dont cet abyme est semé. Car quoique la nature soit un livre ouvert à tous les yeux, il est pourtant vrai de dire qu'il en est peu qui sachent y lire comme il faut. Je laisse aux Bacon, aux Descartes, aux Lock & aux Malebranche, la gloire de nous dévoiler les causes de cette ignorance, me contentant d'observer ici que pour ne point errer dans cette étude, il faut y apporter un cœur droit, un jugement sain, avec un esprit entiérement dégagé de préjugés. Mais qu'il est difficile à la jeunesse de pouvoir posséder ces différens avantages, sur-tout quand tout semble se réunir pour les lui faire perdre, la foiblesse de l'âge, la tyrannie des paſſions, la malignité de l'exemple, jointe à la mauvaiſe Education qu'elle a reçue.

Que faut-il donc qu'elle faſſe pour tâcher de les conſerver, ou de les acquérir?

Suivre d'abord un meilleur Plan d'Education, que celui qui ſubſiſte maintenant dans les colléges, calmer par le travail & la tempérance l'impétuoſité des paſſions, qui luttent ſans ceſſe pour ſe rendre maîtreſſes du cœur humain, ſoumettre à un doute méthodique & raiſonnable les opinions qu'elle a pu adopter dans l'enfance ſans les examiner; enſuite travailler ſérieuſement à perfectionner ſon jugement & ſa raiſon, non par une longue & faſtidieuſe logique, telle qu'on l'enſeigne dans les écoles, mais en imitant deux des plus grands Philoſophes de l'antiquité, *Pitagore* & *Platon*, dont l'un préparoit ſes diſciples à l'étude de la Philoſophie par les Mathématiques, & l'autre par un ſilence de pluſieurs années, deux voies, qui, quoique contraires en apparence, conduiſent cependant au même but, celle-ci en impoſant ſilence à l'ignorance, celle-là en laiſſant uniquement à la ſcience le droit de s'expliquer. Tel étoit le noviciat par où il falloit paſſer à l'école de ces grands Maîtres, avant d'être initié aux myſteres de la nature. Qu'il ſeroit à ſouhaiter que cette pratique pût revivre parmi nous!

On verroit moins de Sophiſtes profaner ſon ſanctuaire.

A l'étude des Mathématiques, ſuccédera celle de la Phyſique, ou plutôt on les fera marcher enſemble. La Phyſique & les Mathématiques ſont ſœurs. Auſſi n'ont-elles fait tant de progrès que depuis que Deſcartes eut trouvé le ſecret de les unir. O combien nous ſommes redevables à ce grand Homme! Avant lui la Philoſophie n'étoit qu'un tiſſu de vains ſyſtêmes, d'opinions chimériques, de mots vuides de ſens. L'autorité d'un Ariſtote tenoit lieu de tout, l'expérience étoit peu conſultée, la raiſon ſe voyoit mépriſée. Cependant Deſcartes, ce génie ſublime & hardi, entreprit de la rétablir dans ſes droits, & de lui faire ſecouer le joug tyrannique du deſpote : & il en vint à bout en mettant au jour ſa *Méthode*, le premier de ſes ouvrages, & l'un de ceux qui le conduiront plus ſûrement à l'immortalité. Ses mondes ont diſparu, on a ſoufflé ſur ſes tourbillons. Mais ſa *Méthode* vit encore & vivra à jamais, comme étant le monument & le gage de la liberté des eſprits.

Pour revenir à la Phyſique, nous la diſtinguerons en deux branches, l'une, fondée uniquement ſur l'expérience, & l'autre, qui s'appuie en même-temps ſur le calcul & la Géométrie. Par la première, les jeunes gens apprendront à connoître les propriétés des corps, l'influence qu'ils ont les uns fur les autres. Ils contempleront les météores enfantés par le feu, par l'air & par l'eau, & tâcheront de découvrir la raifon de ces différens phénomènes. Ils étudieront l'Anatomie qui démontre les parties folides du corps humain, leur fituation, leur dépendance mutuelle, & leurs ufages. Quel fera leur étonnement en confidérant les miracles de la Chimie, qui décompofe les corps, analyfe leurs différens principes, & qui les réuniffant enfuite, les révivifie, & les rend à leur premier état ; les effets prodigieux & finguliérement variés de la matiere électrique, la propriété de l'aimant qui fraie des routes fur l'Océan, & qui bientôt peut-être, ainfi que l'électricité, fournira de nouveaux moyens de guérifon pour les maladies ! Enfin, ils pafferont en revue tous les végétaux & les minéraux fi utilement employés dans les Arts, & s'efforceront eux-mêmes d'en faire de nouvelles applications. La Phyfique expérimentale eft une fcience infinie, & qui ne connoît de bornes que celles de l'efprit humain.

Paffant enfuite aux fciences que l'on appelle phyfico-mathématiques, ils verront que les corps agiffent les uns fur les autres, que cette action produit le mouvement, dont la quantité fe détermine, en multipliant la maffe par la vîteffe. Or

la vîteſſe elle-même étant en raiſon de l'eſpace &
du temps, il leur ſera facile en connoiſſant la maſſe
d'un corps & ſa vîteſſe, d'évaluer ſa force mo-
trice, laquelle étant appliquée à des léviers, des
roues & des poulies, vient à bout de vaincre toute
réſiſtance. De-là la Méchanique, ſcience auſſi ſa-
tisfaiſante dans ſes réſultats qu'elle eſt ſimple dans
ſa théorie.

Les fluides étant ſoumis comme les ſolides
aux loix du mouvement, de la peſanteur & de
l'inertie, font auſſi partie de la Méchanique ; mais
comme à raiſon de leur fluidité, ils ont la propriété de s'étendre, d'agir, de preſſer en tout
ſens, de ſe laiſſer pénétrer par d'autres corps, ils
forment une branche de connoiſſances ſéparées,
auxquelles appartiennent l'écoulement des eaux,
le jeu des pompes & des machines de toute eſpece propres à élever les fluides.

Les propriétés qu'a l'air d'être le véhicule du
ſon, d'entretenir la vie des animaux, de préci-
piter la matiere ignée, de s'étendre, de ſe raréfier,
de ſe condenſer, de produire les vents & les ora-
ges, de ſoutenir les vapeurs, & aujourd'hui même
[choſe étonnante] de tranſporter des hommes
d'une contrée dans une autre, au moyen d'un
Ballon, avec une facilité dont on n'avoit point
d'idée, méritent certainement la plus grande attention.

Que dirai-je du feu en tant qu'il brûle, qu'il échauffe & qu'il éclaire ? Si la rapidité avec laquelle il s'élance de certains corps qui le renferment nous étonne, on doit s'étonner bien d'avantage, en voyant la promptitude avec laquelle se propage sa lumiere ; la vîtesse du son n'a rien qui lui soit comparable. Cependant on est venu à bout de la calculer, ainsi que de connoître sa nature, & d'analyser ses propriétés. Elle passe d'un milieu dans un autre, sans perdre par le frottement. Ses rayons ont des loix qu'ils suivent invariablement, & se prêtent à tout ce que le calcul & la géométrie ont de plus rigoureux. De-là les miroirs de toute espece, les télescopes, les microscopes, les prismes & la chambre obscure, qu'on peut employer très-utilement dans les leçons d'optique, pour ramener à l'expérience & aux sens des raisonnemens, qui, quelqu'évidens qu'il soient, fixent toujours avec peine l'attention des jeunes gens.

Si après avoir considéré en détail chacun des élémens, nos jeunes gens s'élevent au-dessus du tourbillon qui nous entraîne, ils appercevront la voûte azurée du ciel, parsemée d'une multitude innombrable de globes, qui roulent majestueusement dans l'espace. Mais bientôt étant assurés par leurs propres observations que tous ne suivent pas la même loi, ils en formeront deux classes

d'aſtres, l'une des étoiles fixes, & l'autre des planetes, au rang deſquelles ils placeront le ſoleil
& la lune, en les faiſant tourner autour de la
terre, comme autour d'un centre commun,
quoiqu'en des temps & des cercles inégaux. D'a-
près cette hypotheſe, qui eſt celle de Ptolemée,
ils chercheront à expliquer tous les phénomènes
que préſente le mouvement de tant de corps différens, & dans le déſeſpoir où ils ſe trouveront
de pouvoir y ſatisfaire, ils imagineront, comme a
fait Copernic, de placer le ſoleil au centre du
tourbillon, en réléguant la terre elle-même au rang
des planetes. Alors tout s'expliquera avec la plus
grande facilité, ſans rien ôter de la grandeur de
cet être par excellence, l'origine de toutes les
cauſes, & le premier moteur de l'univers.

De l'Aſtronomie, ils deſcendront à la Géographie,
qui leur fera connoître l'état phyſique du globe
qu'ils habitent, la ſituation reſpective des royaumes
& des empires; pendant que l'Hydrograghie les inſ-
truira de la poſition des mers, de la ſituation
des côtes, des écueils & des briſans qui s'y ren-
contrent, ainſi que des courans ſans nombre, qui
emportent le pilote loin de ſa route; ils étudieront les vents, marqueront les latitudes, & peut
être qu'un jour un génie heureux annoncera à
l'univers la découverte des longitudes, ſans la-

quelle la navigation toujours imparfaite, n'offrira que naufrages & malheurs.

Après avoir parcouru la furface du globe, ils pénétreront jufques dans fes cavernes profondes, d'où jamais n'approcha la lumiere. C'eft-là que fuivant l'expreffion d'un homme vraiment docte, dont j'emprunte ici les propres paroles, c'eft-là, dis-je, qu'ils verront l'Hiftoire de la terre, écrite en caracteres ineffaçables. La pofition & la nature de fes différentes couches, leur prouveront d'une maniere fans réplique, les cataftrophes qu'elle a éprouvées dans les révolutions du monde. Ici les laves & les cailloux vitrifiés annoncent l'embrafement. Là des bancs de coquillages pétrifiés, marquent l'inondation & les déluges. Plus loin des feux fouterreins, alimentés fans ceffe par le foufre & le bitume, fe communiquent par des conduits qu'ils fe frayent. C'eft de ces foyers, que par une explofion épouvantable, ils s'élancent pour répandre la confternation & l'effroi, & anéantir des peuplades entieres. D'un autre côté mille canaux difperfés dans le fein de la terre, ramenent fur la furface des fleuves, qui vont fe perdre dans les goufres de l'Océan. Les métaux mêmes s'accroiffent dans des veines qui leur font propres. Tout dans les entrailles de la terre, annonce le mouvement & la vie.

Des

Des Mathématiques & de la Physique, on s'é-
levera peu à peu & comme par degré à la Métaphysique, cette science des êtres spirituels, &
de tout ce qui est hors de la portée des sens ;
puisqu'elle roule toute entiere sur l'essence d'un
être tout puissant, éternel, infini, sur la nature
de l'ame & ses rapports avec la Divinité, sur sa
distinction d'avec le corps. Rien assurément n'est
plus digne des recherches du sage. Mais parce
que l'homme plongé dans les sens ne passe que
très difficilement à des sciences purement intel-
lectuelles, nous avons jugé à propos de ne placer celle-ci qu'après la Physique. Quand on aura
des idées nettes sur la matiere, il sera plus aisé
de comprendre ce que c'est qu'un esprit. Au
reste, pour ne point errer dans des questions va-
gues, & qui ne tendent à aucun but pour la pratique, je prendrai le parti de mettre tout d'un
coup sous les yeux des jeunes gens leur propre
Histoire. Ainsi je leur peindrai l'homme au moment de sa naissance nud, privé de tout, rampant
à peine sur la terre, à la maniere des brutes, &
placé au-dessous d'eux par son instinct, puis, le-
vant vers le ciel un front auguste, acquérant des
idées, les manifestant par la parole, inventant les
arts, domptant les animaux, devenant par sa raison le maitre & l'arbitre de tout ce qui existe
dans la nature. Mais que cette supériorité, ajou-

H

terai-je, lui coûte cher par les contradictions auxquelles elle le met en bute. En effet, il est rare
que les deux parties de nous-mêmes soient parfaitement d'accord, que la raison vive en bonne
intelligence avec les sens, l'esprit avec le corps.
Que dis-je? le premier rayon de lumiere, destiné à éclairer nos pas sur la terre, paroît être
une déclaration de guerre intestine, guerre qui
commence en nous dès l'enfance, redouble dans
la jeuneſſe, continue dans l'âge mûr, & nous
accompagne jusqu'au tombeau ; guerre hélas !
dont les accès, ainſi que ceux d'une fievre ardente ſuivent différentes périodes, durant leſquelles les deux partis tantôt vainqueurs, &
tantôt vaincus, n'ont de relâche que quand l'un
prenant tout-à-fait le deſſus, aſſujettit l'autre à
ſon empire. S'il arrive que ce ſoit l'eſprit qui
domine, tout rentre dans l'ordre, la partie inférieure obéiſſant à la plus noble. Quand au contraire le corps vient à commander, c'eſt l'eſclave
qui regne, & le maître qui ſert. Ainſi, l'eſprit
ſe voit ſoumis à la tyrannie des paſſions. Oh ! qui
me délivrera d'un joug ſi peſant, & d'une ſervi-
tude ſi honteuſe ?

La raiſon t'a été donnée pour cela, me dit-on,
& il ne tient qu'à toi d'en faire un bon uſage.
Mais hélas ! qu'elle eſt foible cette raiſon, contre
de ſi puiſſans ennemis ! Si je l'appelle à mon ſe-

cours, elle ne se présente presque jamais que pour être témoin de ma défaite, & pour me la reprocher. Enfin, j'ai beau lutter contr'eux, ils me maîtrisent malgré que j'en aie ; & mon pire tourment, lorsque je succombe, est de voir que j'aurois pu résister. Quelle énigme inconcevable suis-je donc à moi-même ? Etre toujours vaincu, & croire que je puis devenir vainqueur, être esclave, & sentir que je puis être libre, voilà pourtant l'état où je me vois réduit. Mais, pourquoi suis je de la sorte ? Pourquoi regne-t-il si peu d'harmonie, entre les deux parties de moi-même ? Pourquoi ma raison n'est-elle pas assez forte pour commander à mes sens , & pourquoi mes sens ne sont-ils pas assez dociles pour obéir à ma raison ? Enfin, pourquoi les remords me tourmentent-ils , lorsque je suis assez foible pour succomber ? Qui m'aidera à demêler toutes ces contrariétés ? On a beau me dire encore que c'est parce que l'homme est un être composé de deux substances entiérement différentes, de deux principes absolument distincts, dont l'un l'éleve à l'étude des vérités éternelles, à l'amour de la justice & du beau moral , aux régions du monde intellectuel, tandis que l'autre le ramene bassement vers la terre, l'asservit à l'empire des sens, aux passions dont ceux-ci sont les ministres, & contrarie par-là tout ce que lui inspire le premier.

H ij

On ne me dit hélas! que ce que j'ai éprouvé
mille fois. Mais on n'explique rien par ce fyflê-
me, & il me refle toujours à demander pourquoi
le corps n'efl point foumis à l'efprit, pourquoi
la partie inférieure n'obéit point à fa plus noble.
Il efl d'ailleurs une concupifcence qui ne dérive
nullement des fens ; c'efl celle qui nous élevant
au-deffus de notre foible nature, nous porte à
admirer notre excellence, & à nous placer, pour
ainfi dire au rang des Dieux ; où cette autre encore, qui gémiffant des fuccès d'autrui, nous en-
gage à ravaler tous ceux qui s'élevent au-deffus
de notre capacité.

Qu'efl-ce donc que ces deux vices, & d'où
peuvent-ils venir? De dire, comme quelques-uns
ont fait, que c'efl notre imagination qui, exagé-
rant tout à nos propres yeux, caufe cette bou-
fiffure de l'orgueil, & produit le venin de l'envie, ce feroit éluder la queflion fans la réfoudre ;
puifque les écarts de l'imagination font eux-
mêmes partie de la queflion. Car pourquoi mon
imagination efl-elle fi déréglée, pourquoi s'égare-
t-elle fi fouvent? Si l'on me répond de nouveau
que c'efl par précipitation & par foibleffe. Je de-
manderai toujours raifon de cette précipitation
& de cette foibleffe. Ainfi de quelque côté que
je me tourne, je ne rencontre autour de moi que
des difficultés infurmontables, que des abîmes

dont la profondeur m'épouvante, & plus je réflechis sur moi-même, moins je comprends mon exiſtence & mon être. O qui me débrouillera ce cahos, & qui me dévoilera ce myſtere? Pour moi j'avoue que la lumiere me manque, & que la raiſon m'abandonne. Si j'interroge mes ſemblables, hélas! ils ne me répondent que par des ſoupirs & par des pleurs; ou ſi quelqu'un plus hardi que les autres oſe prendre la parole, ce n'eſt que pour débiter les ſonges & les rêveries que ſon imagination lui ſuggére; car il n'en ſait pas plus que moi.

O vous qui m'avez vu naître, terre, mer, parlez, & vous auſſi globes enflammés qui roulez dans les cieux, dites-moi ſi vous le ſavez, dites-moi qui je ſuis. Sans doute, vous pouvez me faire connoître l'auteur de toutes vos clartés; mais vous reſtez dans un profond ſilence ſur la queſtion qui m'agite & me tourmente. Dans quel état me vois-je donc réduit, d'un côté me ſentant né pour la vérité, & de l'autre, n'appercevant que l'erreur & le menſonge, ou bien une triſte & ſombre obſcurité? Pourquoi ſuis-je ainſi fait? Quelque mauvais génie auteur de ma naiſſance, aura-t-il donc voulu ſe jouer de moi? Mais un mauvais génie ne peut m'avoir donné l'exiſtence; parce que pour donner l'exiſtence à qui ne l'a point encore, il faut être tout-puiſſant. Or, un mauvais génie n'est point tout-puissant, puisque s'il étoit tout puissant, il cesseroit d'être ce qu'il est, il seroit bon. Mais ce qui est bon ne peut rien produire que de conforme à sa nature. Etre clément & bon, qui que vous soyez, puissant auteur de mon être, c'est donc à vous maintenant qu'il faut que je m'adresse pour apprendre ce que ni ma raison, ni personne n'ont pu me réveler. Venez à mon secours, afin que vous soyez trouvé juste dans vos œuvres, & victorieux dans les jugemens que l'on fera de vous ; prenez pitié de votre créature, empêchez-la de s'égarer : donnez-moi le fil qui me dirige dans les tours & détours de ce labyrinthe obscur, dans lequel je suis enfermé, éclairez-moi de votre divine lumiere, enseignez-moi la route qui conduit dans les sentiers de la vérité. Ah ! j'ouvre vos saints livres, & vous me découvrez le voile qui me cachoit à moi même, le véritable nœud de la condition humaine : j'y lis, *qu'entraînés par un secret mouvement d'orgueil nos premiers peres voulurent placer leur fragile existence à l'égal de celle du Très-Haut ;* de là, ô mystere incompréhensible ! mais pourtant ô mystere sans lequel tout le reste est encore plus incompréhensible ; de-là le sort malheureux de toute leur postérité ; de-là l'état déplorable où je me vois réduit, la révolte de mes sens, la foiblesse de mon esprit, le désordre de mon imagination ; de-là cet assemblage monstrueux de bonnes & de mauvaises qualités, de vices & de vertus dont je suis pétri ; de-là enfin cette ame de brute, qui tend sans cesse à m'avilir, en me plongeant dans la fange & dans la boue, tandis que le souffle divin qui me reste encore, s'efforce de me replacer sur le trône d'où j'ai été précipité. Ainsi, un seul mot de l'Ecriture m'en apprend davantage sur cet article, que tous les livres des Philosophes ; & je respire enfin après m'être lassé vainement dans la recherche de la vérité, tant que je n'ai employé que les foibles lumieres de ma raison.

Que ce repos est doux à mon ame ! Que cette découverte me cause de joie & de satisfaction, dirai-je aux jeunes gens dont j'aurois l'honneur d'être l'Instituteur !

L'homme mieux connu sert aussi à nous faire connoître Dieu d'une maniere plus parfaite. La connoissance de l'un ne peut aller sans celle de l'autre. En effet, Dieu n'est point un être isolé. Quoiqu'existant en soi, par soi & pour soi, il a des rapports avec ses créatures, sans toutefois que ces rapports causent aucune altération à sa liberté, & à son indépendance : parce qu'ayant été le maître de créer, ou de ne pas créer, il se trouvoit par là même, l'arbitre des rapports & des loix qui résultent de la création.

L'essence de l'homme est bien différente ;

H iv

n'ayant d'exiſtence qu'en Dieu & par Dieu, il faut néceſſairement que tout ſon être ſe rapporte à lui. De plus, étant compoſé d'un corps & d'une ame, il tient à tout ce qui l'environne, à la matiere, aux corps organiſés, aux animaux & aux êtres qui lui reſſemblent. Ces diverſes relations donnent naiſſance à différentes ſortes de loix, loix phyſiques & loix morales. Or, ce ſont ces loix qui forment la regle de ſes devoirs, & la chaîne indeſtructible de ſa dépendance. Son bonheur n'eſt pas de s'y ſouſtraire, mais au contraire de s'y ſoumettre. Vertueux & fort, s'il leur eſt fidele, il devient, en les violant, foible & dépravé. Telle eſt leur ſanction, que quiconque veut ſe ſouſtraire à leur empire, pour ſe rendre indépendant & libre, devient dès lors eſclave de toutes les créatures, & en même-temps ſon propre ennemi. C'eſt ainſi que je m'y prendrois pour donner à mes éleves ces grandes & importantes leçons. La raiſon d'abord ſeroit employée pour guider nos premiers pas. Mais auſſi-tôt qu'elle ceſſeroit de luire & de nous éclairer, nous aurions recours à la révélation, laquelle ſeule peut ſuppléer ce qui manque à nos foibles lumieres. Car ſi l'homme par la contemplation de la nature, par le ſentiment qu'il a de lui-même, eſt capable de s'élever juſqu'à l'auteur de ſon être, & à la ſource de ſes devoirs, il n'y a pourtant qu'une révélation divine qui puiſſe fixer tous fes doutes & affurer fes incertitudes, tant fur fon état préfent, que fur fa deftinée future. Ce qui fait voir la néceffité de joindre au cours de Philofophie, un Traité de Théologie dogmatique & morale, non de cette Théologie fcholaftique plus propre à deffécher le cœur qu'à éclaircir l'efprit, mais de celle qui puifée dans l'Ecriture fainte, & la Tradition apprend véritablement à connoître Dieu de la maniere dont il a daigné fe révéler à nous, & à le fervir fuivant le culte qu'il a prefcrit. N'eft-ce pas une chofe honteufe de fortir des colléges, comme font la plupart des jeunes gens, fans avoir feulement une teinture de la Religion qu'ils profeffent? Cette partie de l'Education eft abandonnée à des catéchiftes ignorans, ou à des fermoneurs auffi peu inftruits, dont toute la fcience confifte à faire de belles phrafes, & à débiter des lieux communs, fur les vices & les mœurs du fiecle, comme s'il ne falloit pas commencer par éclairer l'efprit avant de chercher à toucher le cœur. A voir l'indifférence où l'on vit fur cet article, on diroit que la Religion eft une chofe tout-à-fait étrangere à l'Education, ou du moins qu'elle regarde les feuls Eccléfiaftiques. Rien affurément n'eft plus faux que cette façon de penfer. Le dépôt de la Religion n'a été confié à perfonne en particulier. Il appartient à tous en commun ; & malheur à quiconque eft affez infenfé pour renoncer à fes droits fur une affaire de cette importance: tôt ou tard il en fera puni, en devenant le jouet du menfonge, & la dupe des guides infideles qui entreprendront de le tromper.

Comme après la fcience de la Morale & de la Religion, il n'y en a point de plus importante que celle qui tend à conferver le corps fain, & à maintenir la fociété humaine, on ne doit pas négliger d'en inftruire les jeunes gens.

Par la premiere, ils apprendront que la tempérance eft la mere de la fanté, comme elle eft la fource de toutes les vertus; par la feconde, ils fe mettront à portée de connoître les conditions du Traité, qui doit bientôt les lier à leurs femblables, d'une maniere plus étroite. Peut-être hélas! qu'effrayés à la vue de la multitude immenfe de loix, dont il eft furchargé, & des maux qui en font la fuite, ils feront tentés de croire que l'homme n'eft pas fait pour vivre en fociété, & d'imiter les fauvages de l'Amérique, qui préférent une vie errante & libre à notre prétendue civilifation. Mais il fera facile de leur faire voir que fi l'homme fe trouve accablé du poids de tant de chaines, c'eft moins la faute de l'état focial, confidéré en lui-même, que celle de fon avarice & de fa cupidité. En effet, dès que chacun rapportant tout à foi, s'eft imaginé qu'il lui étoit permis d'envahir une plus grande portion de terrein qu'il n'en a befoin pour fa propre fubfiftance, de l'en-

clore, & de dire, *ceci est à moi, je la diviserai,
je la partagerai, je la vendrai, je la léguerai,
j'en ferai tout ce qu'il me plaira, j'en disposerai à
mon gré de mon vivant, & après ma mort ;* alors
les Loix, les Tribunaux, & tous les Suppôts de
la Justice, ont dû se multiplier sans cesse, & sans
mesure, afin de suivre l'homme dans tous ses caprices, & de l'autoriser dans tous ses travers,
sans que le génie, des *Lhopital*, des *d'Agues-
seau*, & des *Montesquieu*, puisse y trouver de
remede. Oh! que de peines & de maux, que d'in-
justices & de crimes eût épargné à ses semblables celui, je ne dirai pas comme *Rousseau*, qui
arrachant les pieux & comblant le fossé eût crié
à ses semblables, gardez vous d'admettre aucun
partage; mais qui marchant sur les traces du Lé-
gislateur des Hébreux, eût dit comme lui, *vous
vous trompez, foibles mortels, la terre n'est point à
vous en propre, elle est à Dieu, & vous n'en êtes
que les usufruitiers.* Or, un usufruitier ne peut alié-
ner le domaine qui lui est confié. *Vous êtes tous
freres, vous devez donc la partager également.* Que
si les Auteurs de toutes nos institutions eussent
ainsi raisonné & limité la puissance de chaque
Citoyen, nous n'aurions point à gémir aujour-
d'hui sur l'extrême inégalité des fortunes, sur les
ravages du luxe qui en est la suite ordinaire, sur
les funestes effets de l'or & de l'argent, sur la

découverte des *Sciences* & des Arts, dont on a fait un abus si manifeste, qu'on peut douter si le bien qu'ils operent est plus grand que le mal qu'ils produisent ; enfin, nous n'aurions point à déplorer la misere humaine, au milieu de l'abondance la plus excessive, & notre législation ne seroit point un labyrinte obscur, où l'innocence s'égare & se perd, un cahos effrayant aussi difficile à débrouiller que celui qui sortit autrefois du cerveau des Poëtes. Malheureusement la science des loix n'est pas la seule qui se ressente de ce désordre & de cette confusion. Quelles sont celles qui n'ont point été altérées par les passions des hommes, l'ignorance & les préjugés de ceux qui les ont cultivées ?

Il me semble voir un eau claire & limpide d'abord en sortant de sa source, mais qui coulant ensuite au travers des marais fangeux, s'est chargée de tout le limon impur qu'elle a rencontré sur sa route. C'est à nous qui sommes appellés à l'Education de la jeunesse, de travailler à les éclaircir, & à les purifier de plus en plus, afin de pouvoir les présenter à nos éleves dans leur naturelle simplicité. Ce sera le moyen le plus sûr de les leur faire goûter. Ce qui rebute communément les jeunes gens, c'est d'être obligés de feuilleter une multitude de gros volumes, pour en retirer quelques vérités qui y sont comme ensevelies : heureux encore quand ils peuvent les y rencontrer! Nous tâcherons en même-temps de les leur préfenter, de maniere qu'ils puiffent faifir aifément le fil & la chaîne qui les unit entr'elles. Les fciences font liées les unes aux autres, & fe prétent un fecours mutuel : filles de Jupiter & de Mnemofyne, elles doivent marcher enfemble fous la conduite d'un même chef.

Ainfi donc étudier les Mathématiques pour perfeɛtionner le jugement, & pour mieux entendre la Phyfique; la Phyfique pour s'élever aux grandes & fublimes vérités de la Métaphyfique ; celle-ci pour parvenir à la révélation qui conduit elle-même à la véritable connoiffance de l'homme, & de fes devoirs : tel eft en peu de mots le plan que je me propoferois de fuivre pour mettre les jeunes gens, qui feroient confiés à mes foins, en état de fe bien conduire, & de fervir utilement la Patrie, quelque foit la profeffion à laquelle on les deftinera au fortir des colléges. Je dis au fortir des colléges & non dès l'enfance, comme cela n'arrive que trop fouvent. Car avant de fixer la deftinée de tant de fujets fi différens, il faut commencer par connoître leur capacité; ce que l'on ne peut être à portée de faire qu'après en avoir formé des hommes. Voilà pourquoi je n'ai pas cru devoir diftinguer l'Education propre à une Ville commerçante & maritime, d'avec celle qui convient à toute autre

Cité. En effet, quand le jugement & la raison,
quand le sentiment & toutes les autres facultés,
tant de l'ame que du corps, sont parfaitement
développées, le reste n'est plus qu'une modification
particuliere, qui s'acquiert aisément au sortir des
colléges, en se plaçant auprès des personnes dont
on veut embrasser la profession; le Militaire dans
un Régiment, le Négociant dans un Bureau, le
Marin sur un Vaisseau, &c.

Toute autre méthode ne vaut rien, parce
qu'elle met l'accessoire à la place du principal;
ensuite parce qu'elle est sujette à faire illusion
sur la véritable destination de l'homme; enfin,
parce qu'elle produit ordinairement le dégoût &
l'ennui d'un état qu'elle force d'embrasser de si
bonne heure. Si le bon sens & la raison ne suffi-
soient pas pour en convaincre l'expérience qu'on
en a déjà faite, dans un établissement formé à
grands frais par la Nation, décideroit pleine-
ment la question; je veux parler de l'Ecole Militaire, dont il n'est peut-être pas encore sorti un
seul sujet capable de faire honneur à cette institution.

Du reste, quelque route que l'on suive & quelque plan que l'on adopte, j'avertis qu'il n'aura
point le succès qu'on a droit d'en attendre, à
moins que les mœurs publiques n'y répondent.
Ce sont les mœurs publiques qui mettent le sceau

à l'Education. Si celles-ci font dépravées, en vain la jeuneffe aura reçu de fes Maîtres les meilleurs leçons, l'impreffion en fera bientôt effacée par le mauvais exemple, plus puiffant que tous les préceptes. Eh! qui doute que ce ne foit là une des principales caufes du peu de fruit qu'elle retire de l'Education actuelle?

Comment en effet pourroit-elle être fage au milieu des fcandales dont elle eft environnée; lorfque tout ne refpire autour d'elle que fafte, orgueil & molleffe, que libertinage & débauche; lorfque le vice fe montre à découvert, & leve un front d'airain? Néanmoins il eft affez ordinaire d'entendre imputer tous les vices & les défauts que nous lui reprochons à la mauvaife méthode d'enfeigner. Mais que cette méthode foit bonne ou mauvaife, ce n'eft pas de quoi il eft queftion; car fût-elle pire encore, il n'en réfulteroit pas l'inconvénient dont on fe plaint généralement.

Il pourroit arriver que les jeunes gens fuffent un peu moins inftruits, un peu moins avancés du côté des connoiffances. Mais qu'eft-ce que cela, en comparaifon des mœurs, de l'honnêteté & de la vertu?

D'ailleurs, ne fait-on pas qu'autrefois l'enfeignement n'étoit pas meilleur qu'aujourd'hui. Cependant la corruption étoit infiniment moindre. On remarquoit parmi la jeuneffe plus de retenue, de modeſtie, de candeur & de ſimplicité. Ce n'eſt donc point l'enſeignement auquel on doit imputer tous les déſordres dont on ſe plaint. Avançons-le franchement, ce ſont les mauvais exemples que nous lui donnons. C'eſt pourquoi, ſi nous ne changeons de conduite, nous verrons nos enfans devenir plus méchans & plus corrompus de jour en jour, & nous aurons la douleur de laiſſer en mourant une poſtérité pire encore que celle qui lui aura donné naiſſance. Car lorſqu'une génération commence à ſe corrompre, elle va toujours en ſe détériorant, juſqu'à ce qu'enfin la corruption ſoit arrivée à ſon comble. Ainſi quand la tige d'un chêne antique & robuſte vient à ſe gâter, la gangrene commence par attaquer le cœur de l'arbre, de-là ſe répandant autour du tronc, elle ronge & mine peu à peu le bois qui l'environne; puis ſe portant juſqu'à l'écorce, elle intercepte le paſſage à la ſeve, laquelle ne trouvant plus aucune iſſue pour monter dans les branches & les rameaux, les laiſſe languir faute d'un ſuc nourricier, & les oblige enfin de tomber en pourriture. Tel, & plus triſte encore, eſt le ſort d'un Etat, lorſque les canaux publics, d'où dérivent ſa force & ſa vigueur, ſont infectés par le venin de la corruption.

Mais comment ſe corriger, dira quelqu'un, après avoir vieilli dans de mauvaiſes habitudes? Eſt-il

Est-il si facile à des gens accoutumés à mener une vie molle & voluptueuse, de reprendre le goût du travail, à ceux qui vivent dans le luxe & la débauche, de devenir sobres & tempérans?

J'avoue que cette réforme doit coûter à la nature, & qu'il faut user envers soi-même d'une grande violence pour dompter des passions invétérées, pour changer ses goûts & ses penchans. Cependant je ne crois pas la chose impossible. Pourquoi ne pourrions-nous pas ce que Sparte a exécuté autrefois? Sparte, ainsi que nous, étoit dominée par toutes sortes de vices, qui l'avoient conduite sur le penchant de sa ruine. Elle reconnut son état, elle voulut se corriger, & en vint à bout. En proie aux horreurs de l'anarchie, elle se donna un Gouvernement le plus parfait, qui fût chez les Grecs.

Notre position à cet égard, est moins critique & moins dangereuse. Nous avons des Loix & un Gouvernement sous les auspices [10] duquel il ne tient qu'à nous de vivre heureux. Toutes les parties du corps politique sont assez bien enchaînées pour n'avoir à craindre, ni révolte, ni sédition. Assis sur un trône inébranlable, le Souverain n'a qu'à commander pour être obéi. Qu'il le fasse donc pour notre bonheur & notre amendement. Tout dépend de sa volonté suprême. Il peut nous rendre bons, s'il le veut. Nos cœurs sont dans

ſa main, pour les tourner comme il lui plaît.
Qu'il ſe montre véritablement l'ami des gens de
bien, & le fléau des méchans; qu'il écarte d'auprès de ſa perſonne, toute eſpece de courtiſans
& de flatteurs; qu'il choiſiſſe pour ſes miniſtres,
des hommes d'une ſageſſe & d'une probité re-
connues; que les places & les dignités ne ſoient
accordées qu'au mérite & à la vertu, & bientôt
on verra la réforme s'établir dans tous les ordres
de l'Etat.

Qu'on ne s'imagine pas que pour opérer un ſi
grand changement il ſoit néceſſaire d'établir la
cenſure [11]. L'exemple du ſouverain en tien-
dra lieu, parce qu'il n'y aura perſonne qui, pour
lui plaire, ne s'empreſſe de l'imiter. Mais enfin ſi
l'on croit qu'une pareille Magiſtrature ſoit indiſ-
penſable, je réponds qu'elle exiſte déjà. Il ne
s'agit que de lui rendre ſa premiere dignité; &
c'eſt à quoi l'on parviendra, quand on ne nom-
mera aux Evêchés, que des Eccléſiaſtiques véritablement dignes d'être nos ſurveillans, quand
on rejetera cette foule d'intrigans, qui ne les
recherchent que pour en receuillir les revenus,
ſans ſe ſoucier d'en remplir les fonctions. En
effet, l'ordre des Eccléſiaſtiques forme véritablement un Tribunal de Cenſeurs, Tribunal d'autant plus reſpectable qu'il eſt fondé ſur la Re-

ligion, & d'autant plus efficace qu'étant difperfé dans toutes les parties de l'Etat, dans les Villes, les Bourgs & les Villages, il étend fa Jurifdiction, non-feulement fur les actions extérieures, mais jufques fur les penfées & les affections les plus fecrettes des cœurs. Or, je demande fi la cenfure qu'on pourroit établir, ou même fi celle des anciens Romains, à laquelle des Politiques modernes ont donné les plus grands éloges, avoit rien de comparable à la nôtre. Pour moi je penferois que fi fon origine n'étoit divine, ce feroit le chef-d'œuvre de la raifon humaine. Qu'on en juge par les effets qu'elle a produit. Combien de crimes & de forfaits n'a-t-elle pas empêché de commettre? Combien de torts n'a-t-elle pas engagé a réparer? A combien de bonnes actions n'a-t-elle pas donné lieu? Combien d'hommes égarés n'a-t-elle pas fait rentrer dans les voies de l'honneur, & dans les fentiers de la vertu? Combien de malheureux n'a-t-elle pas retiré du défefpoir, où les avoit plongé un difgrace imprévue? Combien....... On ne finiroit pas, fi l'on vouloit raconter tous les biens qu'elle a opérés, & qu'elle opere encore tous les jours malgré fa décadence. D'où l'on peut inférer que ceux qui l'ont rejetée en admettant les principaux dogmes de la Religion dont elle étoit iffue, ont commis une grande faute en morale & en politique. Ils ont privé par-là les Peuples & les

Rois d'un des plus grands avantages qu'on puisse retirer de cette sainte Religion. Mais que doit-on penser de ceux qui s'efforcent même de détruire celle-ci? A Dieu ne plaise que jamais un pareil malheur nous arrive! Ah! plutôt que cette sainte Religion recouvre sa premiere force, & reprenne son premier éclat! Que son regne se renouvelle parmi nous, comme au temps de la primitive Eglise! Par elle les mœurs publiques étant réformées, celles des jeunes gens ne tarderont pas à l'être, ou plutôt elles cesseront de se dépraver. Tout dépend de ce point unique. En effet, lorsque les scandales seront ôtés, lorsque chaque pere de famille sera appliqué aux devoirs de son état, lorsque les meres se renfermeront dans les soins domestiques, en renonçant à leurs vains & frivoles amusemens, quand les deux sexes se laisseront gouverner, l'un par les loix de l'honneur, & l'autre de la pudeur, quand les Magistrats s'acquitteront de leurs fonctions avec zele & intégrité, quand les Ecclésiastiques rempliront leurs devoirs, avec le respect & la décence qui conviennent à leur caractere; en un mot, quand tous les ordres des Citoyens vivront dans la paix & la concorde, sous l'empire auguste de la Religion & des Loix, est-il possible que la Jeunesse ne se porte pas d'elle-même au bien & à la vertu? Ce n'est pas ainsi qu'on l'entend. On

voudroit que, fans être obligé de fe corriger foi-
même, les enfans fuffent je ne dirai pas vertueux
& fages [un pere infenfé & corrompu n'aima
jamais à fe voir entouré de gens, dont la conduite feroit une cenfure perpétuelle de la fienne],
mais fouples, obéiffans & dociles à fes volontés;
comme fi la docilité & la foumiffion pouvoient
s'allier avec le vice & la corruption. Peres & meres,
qui vous comporterez de la forte, que vous êtes
loin du fentier de la vérité! Auffi je vous déclare
que vous n'aurez jamais que des enfans rebelles.
C'eft par où je finis ce que j'avois à dire fur la
réforme de l'Education actuelle. Maintenant que
ma tâche eft remplie, je me retire, perfuadé qu'il
n'appartient qu'au fage de dicter des leçons, & à
l'homme jufte de fervir d'exemple.

F I N.

NOTES.

Note première.

Au moment que j'écris ceci, j'apprends qu'on doit transférer quelqu'un des colléges de Paris, de l'autre côté de la riviere. J'ignore quel est l'emplacement qu'on lui destine. Mais je doute qu'il soit mieux situé que tous les autres.

Note 2.

Les Peres de l'Oratoire entr'autres, qui possédent un collége à-peu-près semblable, dans une campagne voisine de Paris, ont fait quelques efforts pour réparer les ruines de *Port-Royal*. Mais la dépendance où ils ont toujours été de leurs Généraux & des Evêques constitutionnaires, les souplesses qu'ils ont employées, les intrigues auxquelles ils ont eu recours pour se conserver, les ont dégradés à tel point, qu'il ne reste plus dans cette Congrégation autrefois célebre, que des sujets extrêmement médiocres, qui cherchent à faire leur chemin par tous les petits moyens,

dont se servent les ames basses & dégénerées, je
veux dire la complaisance, l'adulation & la flatte-
rie. Aussi leurs colléges se ressentent-ils de la
disette de bons sujets ; & la corruption s'y est
introduite, comme par-tout ailleurs. Avec un air
patelin & un petit extérieur modeste, leurs écoliers ont tous les vices de ceux de la Capitale.

N o t e 3.

Nous possédions autrefois une sorte d'Education nationale dans l'institution de la Chevalerie,
dont les tournois étoient les assemblées solem-
nelles. Là les preux Chevaliers couronnés par les
mains de la beauté, recevoient un prix que, ni
les croix, ni les pensions, ni les cordons, ni les
crachats, ne remplaceront jamais.

On s'est réjoui de les voir abolis, sous prétexte
que plus d'un brave a péri dans les joûtes qui s'y
célébroient. Mais qu'y a-t-on gagné ? Pour conserver peut-être quelques Citoyens, on en a sa-
crifié des milliers, en condamnant la Noblesse à
mener une vie molle, oisive & delétere, au lieu
de cette vie active & laborieuse, qui entretenoit,
avec la santé & la force du corps la bravoure, le
courage & la vigueur de l'ame. Car, n'en dou-
tons point, ce sont moins les travaux pénibles
& dangereux, sans en excepter ceux de la guerre,

qui détruisent les hommes, que les arts de luxe, l'oisiveté & l'inertie.

Un Peuple belliqueux, ressemble à l'Hydre de Lherne, a qui deux têtes repoussent pour une qu'on lui coupe.

On ne peut en citer de meilleure preuve que la République romaine, laquelle, durant sept siecles consécutifs, ne cessa de faire la guerre, & cependant augmenta toujours en force & en population.

Mais quand le contraire seroit avéré, il ne faudroit pas encore balancer à préférer le premier genre de vie au second, par la raison que douze millions d'hommes, sains & robustes, valent mieux que vingt-quatre millions d'êtres, languissans & débiles.

Note 4.

Je ne prétends pas pour cela qu'on doive bannir de l'Education toute espece de punition, même corporelle. Mais dans le cas où l'on seroit forcé d'en venir à cette extrêmité, je voudrois qu'elle fût infligée par la main du Maître, qui remplace l'autorité paternelle. Elle seroit infiniment plus rare, qu'en employant celle d'un étranger, comme il se pratique dans les colléges actuels, où de barbares Géoliers sont établis Exécuteurs des hau-

tes-œuvres. Non , jamais le Bourreàu de Paris
n'eut autant d'occupation que ces argoufins. Il
en eft parmi eux des mains de qui la verge ne
fortiroit point, fi les pauvres écoliers n'avoient
trouvé le fecret d'endormir le Cerbere, en lui
livrant pour fe racheter, ce que les parens defti-
nent pour les menus plaifirs de leurs enfans. Je
voudrois encore, contre l'ufage ordinaire, que
le délinquant fût puni en préfence de fes cama-
rade, afin que la peine fervît, tant pour fon amendement, que pour l'exemple de ceux qui en feroient les témoins ; ce qui doit être le but de toute
efpece de correction.

N O T E 5.

L'Auteur des études de la nature, voyant que
l'émulation qu'on entretient dans les colléges eft
le germe de la plupart des vices qui tourmen-
tent les hommes dans la fociété, en a conclu
avec raifon qu'elle ne valoit rien. D'après cela,
il a prétendu que toute efpece d'agrégation,
deftinée à exciter l'émulation, étoit mauvaife, &
c'eft en quoi je penfe qu'il s'eft trompé. Il a fait
en cela comme fon maître, qui, ayant remarqué
que l'inégalité des fortunes étoit une fource de
corruption, en a inféré que l'homme n'étoit pas
fait pour vivre en fociété; mais qu'on fupprime

cette inégalité, ou du moins qu’on l’empêche de devenir exceſſive [ce qui eſt très-poſſible], alors la ſociété pourra ſubſiſter ſans ſe corrompre. Il en eſt de même des colléges. Faite en ſorte que les jeunes gens que vous y raſſemblerez en différentes claſſes, ſoient à-peu-près égaux en force & en talens, vous bannirez de leur ame toutes ces ſemences d’orgueil, d’ambition, d’envie, de jalouſie, &c. ; à la place vous ferez naître des ſentimens de modeſtie, de grandeur d’ame & de généroſité. Car étant tour-à-tour vainqueurs & vaincus, ils apprendront à modérer la joie que cauſe la victoire par la crainte des revers, & à ſupporter une défaite par l’eſpérance d’un meilleur ſuccès. Il n’y a qu’une fortune conſtamment favorable, ou contraire, qui enivre ou déprime le cœur humain.

N o t e 6.

On vient enfin de ſentir un peu dans l’Univerſité de Paris, les abus qui s’étoient introduits dans ſon ſein, à l’occaſion des prix généraux qu’elle diſtribue tous les ans. Comme en vue de ces récompenſes univerſitaires, la plupart des Profeſſeurs faiſoient doubler & tripler les claſſes à ceux de leurs écoliers qui leur paroiſſoient les meilleurs, ce qui prolongeoit étrangement le cours des

Humanités, & éteignoit en même temps l'émulation parmi les nouveaux, on a jugé à propos d'exclure du concours les vétérans. C'eſt déjà quelque choſe. Mais ce n'eſt pas aſſez. Il faudroit remonter à la ſource du mal, ſi on vouloit le guérir radicalement.

N O T E 7.

On a prétendu qu'Orphée avoit été déchiré par les Bacchantes, à cauſe de ſon antipathie pour les femmes. Je ne crois pas cette raiſon-là meilleure que l'explication qu'on a donnée de ſa deſcente aux enfers, dans laquelle les uns ont vu un trait hiſtorique, d'autres un accident phyſique. Pour moi, je ne puis m'empêcher de reconnoître dans cette fable un ſage, dont le nom [Orphée] ſignifie *Bouche d'or*, où ſi l'on veut *Lumiere éclatante*, [ce qui eſt la même choſe, puiſque la parole eſt le produit de la lumiere intérieure de l'eſprit]. Ce ſage donne des loix aux Peuples de la Thrace, loix fondées ſur l'*équité*, ou la *Juſtice univerſelle*, déſignée par le nom d'*Euridice*, ſon épouſe. Bientôt celle-ci diſparoît de deſſus la terre, étant pourſuivie par *Ariſtée*, c'eſt-à-dire, par les grands, & mordue au talon par un ſerpent, ſymbole des petits, qui font le mal en rampant. *Orphée* chagrin de la perte de celle qui faifoit tout fon bonheur, ne fe contente pas de la pleurer jour & nuit, il prend la réfolution de defcendre dans le Tartare, pour aller la chercher. Enfin, après mille peines & mille dangers, il vient à bout de l'en retirer, à la faveur de fa lyre harmonieufe. Ce qui fignifie qu'*Orphée* voyant les hommes peu touchés de la nouvelle légiflation qu'il leur avoit donnée, & toujours prêts à la violer en fecret & en public, établit parmi eux le dogme fi utile & fi confolant de l'immortalité de l'ame, avec celui des peines & des récompenfes après cette vie. Par ce moyen, la Juftice reparoît un peu fur la terre, mais pour s'éclipfer prefque auffi-tôt. Alors que deviendra fon amant? Toutes fes reffources font épuifées; puifque ni la perfuafion, ni la crainte des peines d'une autre vie, n'ont plus aucun pouvoir fur l'ame de fes Concitoyens. Il n'a d'autre parti à prendre, que de quitter une fociété perverfe & méchante. En conféquence il fe retire fur les monts, & dans les bois de Thrace, où la fureur de fes ennemis ne ceffe de le pourfuivre, jufqu'à ce qu'ils aient fait faire cette *Bouche d'or*, qui leur reproche encore leurs crimes & leurs injuftices, en attendriffant de fes plaintes les bêtes, les arbres des forêts, & jufqu'aux rochers mêmes. Bientôt après, la fociété Thracienne fe diffout, n'ayant plus aucun frein qui la retienne. Alors les grands fruftrés dans leur

attente, & réduits à gémir fur la perte des abeilles qui les nourriffoient, vont confulter *Protée*,
cet être changeant, & qui fait prendre toutes
fortes de formes. Ce Dieu ou plutôt la politique,
dont il eft l'image, leur apprend que le feul moyen
qu'ils aient de réparer leurs effaims, eft d'appaifer
les manes d'Orphée & d'Euridice par des facrifices,
que les victimes qui leur feront offertes, feront naître
multitude d'abeilles, pour remplacer celles que la
contagion avoit enlevées.

N'eft-ce pas ce qu'on voit arriver tous les jours
dans nos fociétés, où un petit nombre de coupables, immolés à la Juftice & aux Loix, retient les
autres dans le devoir, & affermit l'union des
Citoyens? trifte, mais indifpenfable néceffité.

Je ne doute pas que la defcente d'Orphée aux
enfers, n'ait fourni à tous les Poëtes épiques,
l'idée d'y faire defcendre leurs Héros. En effet,
pouvoient-ils mieux terminer l'inftruction qu'ils
leur donnent, à l'école de l'adverfité, que par
cette grande & importante leçon, qui probable-
ment couronnoit auffi l'initiation aux myfteres
chez les anciens.

<h2 style="text-align:center">N O T E 8.</h2>

Il me paroît également facile d'expliquer la

fable de *Mercure*, amoureux *d'Herfée*, auquel *Aglaure* ou *Agraule* refufe l'entrée chez fa fœur; Quand on fait que *Mercure* eft le Dieu des Marchands, *Herfée* une terre labourée & cultivée par la main de l'homme, *Agraule* un Peuple chaffeur, & par conféquent jaloux des richeffes de l'Agriculteur & du Marchand.

Mercure après s'être paré de la maniere la plus galante, fe tranfporte chez *Herfée*, pour lui faire l'aveu de fon amour, & recevoir en échange le cœur de fa maîtreffe. *Agraule*, jaloufe des hommages rendus à fa fœur par le Dieu des Marchands, veut l'arrêter lorfqu'il vient pour lui faire fa cour. *Mercure* la pétrifie avec fon caducée, enfuite il lui paffe pardeffus le corps.

Ne s'imagine-t-on pas voir les Caravannes de Marchands, qui parcourent l'Afie, allant les uns au Caire, d'autres à la Mecque, ou à Baffora, pour y faire le Commerce. Rencontrés en chemin par des troupes de voleurs Arabes qui veulent les détrouffer, ils les écartent & les mettent en fuite, avec les armes dont ils font munis.

Mais, demandera-t-on, pourquoi *Agraule* eft-elle jaloufe du bonheur *d'Herfée*, fa cadette? C'eft qu'ayant eu par hafard la curiofité d'ouvrir la boîte qui renferme les chofes confacrées à *Mi-*

nerve, un ſerpent qui ſe trouva dedans, lui ſouf-
fla le triſte poiſon de l'envie.

Il n'eſt pas difficile de deviner que cette boîte
étoit remplie des productions de la Déeſſe, c'eſt-
à-dire de toutes les choſes utiles & commodes
que produiſent les Arts, leſquelles étant une fois
apperçues par le Peuple qui en eſt privé, ne manque jamais de lui inſpirer le deſir de les poſſéder, & d'arrêter le Marchand qui les porte ailleurs que chez lui; parce qu'il n'a rien à donner en échange.

N o t e 9.

Promethée, ſon frere *Epimethée* & *Pandore* leur
ſœur, nous préſentent encore une fable, com-
poſée de trois perſonnages allégoriques, dont le
premier ſignifie la *prévoyance*, ou la connoiſſance
de l'avenir; le ſecond, *l'inſtinct animal & groſſier*,
qui n'a de priſe que ſur le paſſé; le troiſieme, un
aſſemblage de richeſſes & de dons, auquel eſt
jointe une boîte remplie de toutes ſortes de maux.
Les Dieux propoſent à *Promethée* d'épouſer *Pandore*; ce qu'il refuſe par la connoiſſance qu'il a
de l'avenir. *Epimethée* dont la vue ne s'étend pas
auſſi loin, conſent à la propoſition qui lui en eſt
faite. A peine le mariage eſt-il conclu que la

fatale boîte ouverte par la curiosité laisse échapper les maux qu'elle renferme.

Peut-on voir un emblême plus parfait de l'union conjugale? Qui de nous voudroit s'y soumettre, s'il avoit une parfaite connoissance de l'avenir, & s'il savoit que cet état dût être pour lui une source de peines & de miseres. C'est pourtant ce qui arrive le plus souvent. Aussi combien de *Promethées* attachés sur un rocher n'ont-ils pas le cœur rongé par un cruel vautour?

Mais pourquoi *Promethée* se trouve-t-il puni au lieu d'*Epimethée*?

C'est que *Promethée* & son frere ne font que les attributs d'une seule & même personne, or, ce n'est point sur l'imbécile que peut tomber le supplice; mais sur celui qui est capable de pénétrer dans l'avenir, en un mot, sur celui qui a dérobé le feu du Ciel. L'espérance qui reste au fond de la boîte après que tous les maux en sont sortis, est un dernier trait qui acheve le tableau de la vie humaine.

En effet, l'homme quoiqu'en proie à toutes sortes de miseres, ne se laisse-t-il pas encore bercer par l'espoir d'un avenir plus heureux, & par de nouvelles jouissances?

Je n'ignore pas que d'autres ont appliqué cette
fable

fable aux Sciences & aux Arts, dont la découverte, comme dit Rousseau,

> A l'homme a coûté tant de soins,
>
> Et qui devenus néceffaires,
>
> N'ont fait qu'augmenter nos miferes
>
> En multipliant nos befoins.

Mais cette explication n'exclut point celle qu'on vient de donner, ou plutôt elle la fup-pofe.

Note 10.

Je fens qu'on peut m'objecter l'inégalité des fortunes qui regne certainement chez nous, comme dans le refte du monde, & que j'ai dit être la caufe principale de tous les maux, & de tous les défordres qui regnent dans la fo-ciété. Mais il y auroit un moyen de la détrui-re, ou du moins de la diminuer, fans toucher à la conftitution politique, ni au gouvernement actuel. Et fi l'on me demande quel eft ce moyen, je répondrai que c'eft le fecret de l'efclave de *Putiphar*.

Note 11.

L'Abbé Coyer, pour rémedier à la corruption de nos mœurs, avoit formé le projet d'établir

chez nous des Censeurs comme à Rome, &
même de placer leur Tribunal à Paris. Chaque
rue devoit avoir le sien. Sans doute il avoit lu
son *Montesquieu*, mais il l'avoit mal lu ; sans
quoi il auroit vu que quand un Peuple est corrompu jusqu'à un certain point, la censure devient superflue, pour ne pas dire un sujet de
risée.

F I N.

Page 19. *lig.* 12. fi grands frais, *lifez* grands frais.
Pag. 19. *lig.* 25. Régment, *lifez* Réglement.
Pag. 22. *lig.* 10. ont la folie d'y envoyer, *lifez* y envoient.
Pag. 30. *lig.* 24. à un concours, *lifez* & un concours.
Pag. 33. *lig.* 17. fes efclaves, *lifez* les efclaves.
Pag. 42. *lig.* 2. ce qui touche, *lifez* ce qui le touche.
Pag. 47. *lig.* 24. la vie humaine, *lifez* les premieres années
de &c.
Pag. 52. *lig.* 16. qui feroit déplacée, *lifez* qui feroient dépla-
cés.
Pag. 59. *lig.* 11. ce troupeau, *lifez* le troupeau.
Pag. 63. *lig.* 17. les végétaux & les, *lifez* des végétaux & des.
Pag. 73. *lig.* 7. le porter & le voyons, *lifez* la porter & la, &c.
Pag. 77. *lig.* 8. admettent, *lifez* admettant.
Pag. 75. *lig.* 27. au que, *lifez* à qui la.
Pag. 116. *lig.* 5. fa plus noble, *lifez* la plus noble.
Pag. 121. *lig.* 7. éclaircir l'efprit, *lifez* éclairer l'efprit.
Pag. 41. *lig.* 1. la porte, *lifez* la perte.
Pag. 141. *lig.* 8. feront multitude, *lifez* feront naître une mul-
titude.